婚姻的勇气

金小安 著
谈朔 图

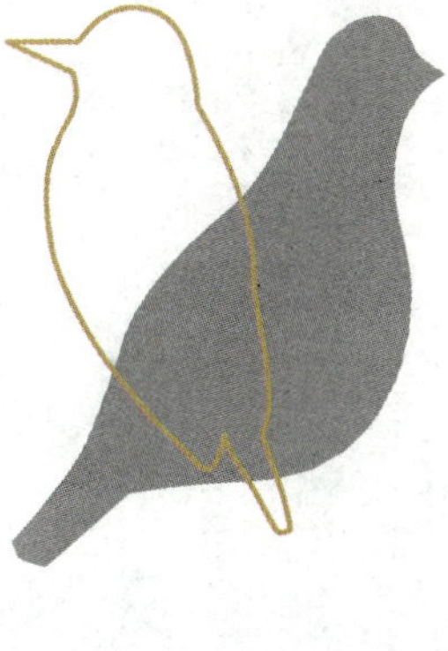

中国出版集团 现代出版社

推荐语

我读了一两个篇章之后，竟然完全停不下来，很想知道故事发展成了什么样，作者又会如何解答。我绝对会立即购买这本书，而且不遗余力地推荐给我的客人和上过我课程的人们。

这本书汇集了很多智慧和有趣的实际案例，人们在阅读过程中，自然会联想到自己和自己的生活。不枯燥，而且很有深度。

期待你拥有更多的读者，我也很愿意帮你在我自己的课程中和网站宣传。

这将是给读者的一个很好的礼物。

琳·洛特（Lynn Lott）

正面管教联合创始人和鼓励咨询创始人

hancy

目　录

目　录

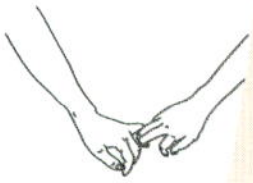

P R E

FACE

序

阿德勒说过，所有的问题，归根结底，都是关系的问题。

我认为，在我们人生需要面临的各种关系中，婚姻关系是最难处理的。朋友关系，可深可浅；亲子关系或者我们与原生家庭的关系，因为有血缘在，打断骨头连着筋，当我们无处可逃时最终不得不去面对；唯有婚姻关系，它既可以让两个人亲密到像血缘关系那样骨肉相连，却又存在着太多的退路和选择。婚姻中的任何一点小问题最终都可能演变成婚姻破裂的导火线——婚姻关系就像一面镜子，让我们原形毕露，检视我们真正面对困难时解决问题的能力。我们借由婚姻这个特殊的媒介，遇见真实的自己——要么成为生活的逃兵，要么获得一次成长蜕变的机会。

经营婚姻关系需要勇气，而写一本关于婚姻的书，更需要勇气。当我还在思考如何总结这些年在课堂上分享的、自己个人心灵成长的以及经营婚姻过程中的见解和收获时，小安已经带着勇气行动了。

本书以阿德勒个体心理学为基石，整合了小安近几年在鼓励咨询师、婚姻鼓励咨询师、婚姻长乐、神经语言程序学（NLP）、正面管教等课程学习中积累的知识和案例，她涉猎的婚姻相关书籍后的理解和感悟，以及她作为婚姻专栏作家收集到的最新婚姻相关数据、读者反馈的热点问题和调查。小安以通俗易懂的语言、生动的案例、具体的实操，让读者不仅能够理解现代婚姻常见问题背后的本质是什么（What），为什么会有这种问题（Why），更重要的是她提供了具体的改善婚姻关系的方法（How），让读者可以根据本书的提示去反思、去行动，让婚姻关系的改善变成可能。

当男权主义逐渐日落西山，现代人们对婚姻关系的诉求开始从原来的纵向关系（命令和服从）逐步往横向关系（平等和尊重）变化。在变化过程中，传统观念与现代观念之间的冲突，正在深刻地影响着新时代的婚姻。比如说，一个男人可能希望妻子像自己的母亲那样贤良淑德，却教育自己的女儿要独立自强——这个简单的例子折射出我们现代婚姻中的挑战是如此之多，除了有我们个人处理问题的能力，也有着深深的时代烙印。因此，在这个高速运转的年代，我们如果在婚姻中缺乏学习和成长意识，那婚姻就很容易变成沼泽，让人痛苦沉沦，更谈不上幸福。本书从人们开始步入婚姻殿堂的期待，到面对婚姻的一地鸡毛，再到婚姻中我们甚少愿意直面的出轨、性生活等问题，都一一进行阐述，并提出解决方法。在我看来，尊重、合作、共赢、行动，是本书向我们传递的婚姻幸福的秘诀。

当然，今天婚姻已经不再是人们生活的必然选择了。记得我在美国学习的时候，有一次和几位同学闲聊，其中一位意大利朋友接到一个电话，于是和我们说：“抱歉，我孩子的妈妈打电话来了，我去接一下。”待他结束通话后，就有同学好奇地问道：“在意大利，你们习惯叫自己的太太——孩子妈妈？”意大利朋友回答道：“哦，不是的！她不是我太太，现在我们在意大利都不结婚了，因为离婚太麻烦。”不知道这样的情景是否也会发生在中国，而从相关部门公布的数据来看，离婚率节节攀升、结婚率年年走低已经成为现实。因此，我觉得这本书的内容不仅仅适合愿意经营婚姻关系的人，其实任何想要经营好一段亲密关系的朋友，都值得一读。而阅读这本书的方法，既可以是跟随本书的章节细嚼慢咽，也可以根据自己的需要挑选一些章节重点学习。

当我们步入婚姻殿堂的时候，我相信没有人是以离婚为目标的，每一对新人都满怀着对对方最深的爱，期待与对方白头到老——只是有时候，我们走着走着，就迷失了，新婚时的山盟海誓变成了生活的讽刺，刺痛着在婚姻中迷失的人。

小安在书中引用了我课堂中分享过的一句话，在此也作为结尾语与大家分享——如果不会游泳，换了游泳池还是不会游泳。重要的不是我们和谁在一起，重要的是我们是否具备让婚姻幸福的能力。经营婚姻就像游泳一样，是一项需要练习的技能。但愿有更多人可以通过阅读、学习本书的内容，锻炼“经营婚姻”这个技能，让更多的婚姻关系迈向幸福。

张婷婷

2019年7月，深圳

P R E

F A C E

前言

上完正面管教（Positive Discipline）两位创始人的婚姻课程，我笃定地告诉自己：要把这些课程的所得所悟记录下来，慢慢内化并分享出来。学习心得之所以宝贵，不仅来自点睛理论和体验式课堂的实操感，更多的是小火慢炖——我们在生活里开始觉察和真正地改变。

这半年我翻阅了不少情感类书籍，说实话，很多题目响亮却内容空洞。译文版的，有些会浪费至少 1/8 的时间在翻译造成的歧义上，或许因为年代久远，抑或许因为文化差异。毒鸡汤呢，又过于励志，有些话很戳心，却不能带动我们从根源上面对与解决问题。教材类的，实用有效，但若作为“预科”类的书来阅读，仿佛无法得到“体验感”，不太能置身其中，也非长久之计。

最完美的流程，一定是读有感染力、实操性强的书籍，带着生活中的实例，保持疑问，走进实战课堂。没有什么比亲身感受和自发性的觉悟更能让人进步的了。

有次十几岁的小侄女突然问我："请问情感专栏作家，在婚姻失败率很高的当下，我们为什么要结婚呢？"

让我目瞪口呆的并不是问题本身，而是这个如此尖锐的问题已经在影响着我们的下一代，从一个十几岁的孩子口中吐露出来。当然，我支持带着觉醒的疑问。

婚姻是人生某阶段的认可，它表明你们彼此都认定对方是那个Mr./Mrs. Right，彼此在今后的生活中将扮演举足轻重的角色。婚姻是一种承诺，一个需要信守的约定，它表明你和伴侣都相信彼此，觉得世界上没有人比对方更加重要。你们会抱怨、愤恨和你死我活地争吵，但你们依然选择二人同行，共同努力成长。新时代的婚姻，一定是发自内心、自由而快乐的情感选择，绝非一项被迫履行的义务、搪塞长辈的伎俩或达成目的的方式。

记得我刚成为婚姻长乐讲师的时候，朋友们调侃般地问道："什么是婚姻常乐呀？学了就能乐了？"我一个问题就怼回去了："那你先回答我，婚姻又是什么？"

我收到的答案，敷衍又无味，负面为多："就两个人待一起呗。""相濡以沫就是两个人在一起，被彼此的吐沫淹死。""爱情的坟墓，不，火葬场。"……是，婚姻里的两个人，必定要经历长时间的相处磨合，跨过无数考验，生活在一起，也许感情与日俱增，又或许逐渐淡漠，甚至分道扬镳，但这并不是婚姻呈现给我们的唯一模样。

在婚姻中，我们都得学会克服重重困难——挑剔、自私、抱怨、诉求无限、叫板、殷勤、旁若无人、猜忌、怀疑、不耐烦等。

在结婚之前，有多少人会主动参加经营婚姻的课程或者工作坊，又有多少人认真读过婚姻中亲密关系类的书籍？我们舍得在婚纱照、购置新房、酒席上花大量的金钱，让婚姻“看起来漂亮”，却甚少花时间去了解婚姻的真相。这也就是若干问题会在日后被无限放大的原因，因为准备不足，接受不了其中的不堪，所以轻言放弃。

心理学教父阿尔弗雷德·阿德勒（Alfred Adler）在《个体心理学》一书中指出，亲密关系，是人生很重要的三大生活任务中的一大项。

别以为“别人家的老婆”和“别人家的老公”在生活里就不会遇到坎坷和羁绊。作为人类，共性都是一样的，我们都有急躁的情绪、言多语失的行为和无法抑制的牢骚。

在成为婚姻鼓励咨询师之后，我经常收到这样的信息：“能问你一个关于婚姻的问题吗？”我当然会回答：“能。”但同时我也预见，一个问题之后是另外一个问题，是婚姻里像泉涌一般冒出来的无穷无尽也无解的问题。

作为独生子女，我非常惭愧地说，若罗列我们这一代的婚姻中激化的矛盾和问题，比任何一代都多。我们独立自主，我们任性过度，我们赶上社会发展飞驰的年月；我们心存美好，我们不愿委曲求全；我们也最不愿意主动去解决问题。

阿德勒说："通过一个人处理爱和性问题的方式，可以了解他的性格。"

在这本书里，我会告诉你们我所理解的婚姻，分享我收到的个案和课堂中学到的知识与方法。没有鸡汤也没有空洞的建议，它更像一个工具箱，并没有一劳永逸的法宝。每个个体都是那么独一无二，更何况配对组合。面对社会压力、经济危机、隔代关系、成长环境、教育背景……需要我们在不同的状态，使用不同的方法。

这不是一个简单的流程。婚姻，是海誓山盟之后的烟火。我们不是神仙，不可能不食人间烟火，可怎么食？食多少？又如何不闹得鸡飞狗跳，后院起火？

我的导师琳·洛特（Lynn Lott）说："不是你遭遇了什么，而是你决定什么塑造了你的人生。你对于发生在自己身上的事情没有太多的掌控权，但是你永远都可以控制让这些事情如何影响你。"

在婚姻的道路上，我们太需要梳理思路，跳出框架去思考，还有果决的行动力和接纳自己及对方的能力。

在此，要特别感谢我的几位启蒙老师：简·尼尔森（Jane Nelsen）、琳·洛特（Lynn Lott）、张宏武（Susie Zhang）、张婷婷（Angela Zhang）、贝蒂卢·贝特纳（Betty Lou Bettner）、罗莉·昂德维泽（Lori Onderwyzer）。如果不是曾经在她们的课堂上深受谆谆教诲和震撼，我不会有灵感和勇气完成这本书。

“惊鸿一瞥，南柯一梦，山重水复，怦然心动”的婚姻是存在的，任何时候都不要轻言放弃。

婚姻的路很长，这是我们这辈子最努力的一次成长。

金小安

D i a

l o g u e

/// 对话鼓励咨询创始人琳·洛特 ///

——逾越坎坷的密码是鼓励自己

时隔半年，再次跟进琳·洛特的采访，我其实怀着些许忐忑：不确定她是否还记得我，不知道她是否愿意接受采访，又或者自己回不到课堂上的那个兴奋状态，无法在有效的时间聊出实质性的问题。

果不其然，和琳在微信对接上出了一系列的技术问题，她在佛罗里达，我在日本，我们靠着电子邮件，足足联系了 20 次。琳的视频打进来的那一刻，恰恰是我焦虑得想放弃的时候。屏幕里她很开心地对着我笑，说："谢谢你没有放弃，谢谢你的坚持！"

琳是一个十分温暖的人，她的温暖并不来自某一句甜言蜜语。而是恰如其分——在特别合适的时机，特别需要的状态下，给你最到位的拥抱。

金小安：我经常听到人们说，婚姻里的相濡以沫，就是淹死在彼此的唾沫里。大家抱怨着婚姻里不再有爱，彼此嫌弃却又不能离开。离婚一次次被提上日程，又始终裹足不前。在感受不到爱、忍不住抱怨和指责的生活里，两个人过得都很痛苦。你怎么看这个问题呢？

琳·洛特：我刚好是认为离婚有时候是最佳方案的人，当然，这跟我的个人经历有关。在许多年前，我完全不敢想象离婚这件事，觉得这特别可怕、不能接受。然而有那么一天，我有个朋友对我说："琳，你现在太痛苦了。你为什么不选择离婚呢？"我回答说："我们家人是不会选择离婚的。"然后我的朋友反问道："难道你的父母没有离婚吗？你弟弟不也离婚了吗？你的两个姐妹没离婚吗？"我被她问得哑口无言，一直在回答"呃，是哦"。她的问题让我看到了自己愚蠢的逻辑，在被吓到、被警醒的同时，突然觉得如释重负——我是可以离婚的。事实证明，这确实是一个很好的决策，不单单是对我个人，对我的前夫也是。他后来又再婚了，找到的伴侣比我更适合他。对我的两个孩子来说，那时候他们才是活得最痛苦、最艰难的。在我们做出决定之后，他们都接受且适应了。

金小安：十分真诚又令人深思的回答。其实离婚并不是世界末日，但依然有很多人在纠结、痛苦，他们为了孩子、金钱、父母等而维持着名存实亡的婚姻。对于迈出这一步，人们内心满是恐惧和迷茫，不知道如何是好。很多母亲担心单亲家庭带给孩子的消极影响，或者自己无法负担离婚之后不堪想象的生活，所以甘愿得过且过。你怎么看？有什么好的建议吗？

琳·洛特：我对这个话题很有兴趣，想多说几句。我工作有一个很大的重心，尤其是在中国，其实是帮助更多的女性找到工作——有稳定经济来源的工作。因为我和很多女性聊过，她们深陷在婚姻的井里——男人掌握了绝对经济权，她们连基本的家用都不够。这是我最不愿意见到的。目前在中国，有很多和我有工作关系的女性，她们找到了自己热爱的事业，还可以赚不少钱，她们教鼓励咨询的课程，帮助别人，同时自己也过上了更积极向上的生活。我真的很为她们自豪，看到这些独立自主又自强的女人们也很开心。

金小安：我记得你在课堂上曾说："当人们非常有安全感的时候，才会主动去改变。"生活中，我们总忍不住先去指责对方："拿走你的脏袜子！""你就不能早点儿回家？"……有没有什么方法，我们能主动地先去改变自己，同时不会有不安的感受？

琳·洛特：说到改变，那就不能不提一下鼓励咨询课程里的 3A 了。我认为，这是最好的改变之路。第一个 A，是 Awareness（觉察）。你需要知道问题在哪里，是什么。比如，"在婚姻里面我感到很痛苦"，即便你对自己说，"我知道我绝对不会离婚的，但是我真的希望能离婚"，这些都叫作觉察。第二个 A，是 Acceptance（接受）。很多时候，人们会曲解"接受"——"离婚没事啊，离就离吧"，这不是接受。接受更多的是接纳，“我是这样想的，我是这样感觉的……”“即便我并不打算改变自己的想法，但是我所想的是……”“我所想的带给我的感受是……”接受，其实对于绝大多数人来说，是最难的一个阶段。去接纳那个自己喜欢的部分很容易，去接纳自己不喜欢的、恐惧的部分却很难。第三个 A，是 Baby Step Action（小步前进的行动）。我们总是把“改变”看得特别大，好像要跨越一个很大的鸿沟一样。不是的，真正的改变，就是从一点一滴开始的，这就够了。

金小安：是啊，从一点一滴开始，积少成多就会有很大的改变。不知道你是否记得，在我们的婚姻鼓励咨询课程里，我认真地数了数，有 60% 以上的女人都说看到了自己目前婚姻中的问题，也愿意去改变。可是，“一个巴掌拍不响”，两个人的关系，明明是需要双方共同努力的。那如果只有一个人前行，另外一个人停留在原地怎么办？一个人的力量就足够吗？

琳・洛特：当然！其实你需要的推动，就是一个人而已。这就是我为什么长年以来，在鼓励咨询中一直非常建议大家去寻找内心的小孩。在正面管教中，人们都想做好的家长，在学习正面管教的过程中，他们也感受到了自己比之前做得好很多。但是很多人，对自己内心的小孩而言，却不是好的父母。鼓励咨询想带给大家一个特别的理念，就是去找到那个你内心的小孩，然后运用在正面管教中学到的方式方法，去和自己内心的小孩有爱地共融。

短短的 20 多分钟时间，我和琳跨越大洲的对话，像采访又像聊天，像授课又像人生指路。无论是婚姻还是日常生活，就像琳说的，任何一个时候，都不是谷底。

没有什么是最差和最坏的，只要我们觉察、接纳、勇于改变。

D i a

l o g u e

/// 对话婚姻长乐创始人简·尼尔森和张宏武 ///

大多数人在步入婚姻之前，对婚姻关系都是未知的。步入婚姻之后，我们在想，如果婚姻能像开会那样有一个标准流程去参照，也许在这个过程中，我们会少走很多弯路。然而在经历诸多坑坑洼洼之后我们会想，如果当年不曾无法控制地伤害对方或有意识地审视自己，也许结果会不同。

2018 的 5 月中旬，在古都西安，终于盼到了和正面管教创始人简·尼尔森博士近距离接触的机会，我参加了婚姻长乐工作坊和讲师班，在提升自己的同时深度了解了课程精髓。

婚姻长乐课程的英译为“Keeping the joy in relationship”，更广义地说，是“如何在情感关系中保持快乐”。要知道，快乐是情感生活中多么珍贵的东西。

特别幸运地邀请到正面管教的创始人简·尼尔森和我国慧育家创始人张宏武——我专访中第一次邀约两位重量级的女嘉宾，来一起聊聊婚姻情感关系及婚姻长乐课程。

金小安：现今日新月异、发展急速的社会中，婚姻似乎变成了一个目的性的话题，人们会为了生活居所、生儿育女、给社会一个交代而结婚，你怎么看这个问题呢？

张宏武：个体心理学奠基人阿尔弗雷德·阿德勒说过，人生在世，每个人都需要面对三大课题而结婚。由相知相爱到走进婚姻的殿堂，这不仅仅是人类繁衍生息的需求，更是两个个体灵魂深处联结的渴望。如果仅仅把它看作生理层面、生存需求，或者社会压力下的一项任务，婚姻将变得欲望驱动、急功近利、压力山大，我们将失去人生中重要的美好体验。我理解目的性的婚姻，因为一些基本需求可能需要通过婚姻得到满足。同时，我认为婚姻须建立在爱情的基础之上，又超越爱情。当年，他 / 她可能是，也可能不是你的白马王子 / 梦中公主。然而，随着岁月的流逝，随着两人并肩走过坎坷艰难，相扶相拥由少年到白头，你渐渐发现，他 / 她是看过你最丑、最窘、最脆弱的那一面仍然欣赏你、接纳你的人，且不离不弃；他 / 她还是孩儿他爸 / 孩儿他妈，是在一地鸡毛的生活琐碎中仍然力挺你、心疼你的人；他 / 她懂你，是你的灵魂伴侣（Soulmate）。

金小安：有人说，当两性生活或者婚姻中出现问题的时候，应该尽最大努力去想办法解决而不是放弃，现在很多人在“为了孩子”而维持着婚姻，却没有尝试修复关系。这样会不会对双方都伤害更大呢？

简·尼尔森：其实孩子是完全能感受和体会到父母关系出现问题的，这对孩子来说非常痛苦。父母之间的争执和冷言冷语，会给孩子带来一个非常不好的范本行为，对他日后的影响不可想象。所以应尽最大可能地去修复夫妻关系。

张宏武：在婚姻中，当爱情不再新鲜，出现裂痕的时候，不尽最大努力去想办法解决，选择任由破裂的关系继续，维持表面上的婚姻，这样的不作为是一种逃避：缺乏足够的内心力量为自己而活，缺乏追求幸福的勇气。不论选择修复，还是选择分手，都需要勇气。至于伤害，当问题出现时已经在承受着情感的伤害了，逃避是用钝刀子割肉，伤害仍在继续，甚至蔓延到孩子和家人身上。

金小安：设计婚姻长乐课程的目的是什么？

简·尼尔森：我们在教授正面管教的家长课程时，运用的基础原则是：给予尊严和尊重，和善与坚定并行，掌握良好的沟通方式。我们有为家长设计的工具卡，我们发现同样的原则和卡片，完全可以更好地运用在婚姻关系中。有些父母在上了长乐工作坊的正面管教课程之后，找到了如何以尊重的方式和孩子相处，却不能对自己的伴侣给予同样的关注和尊重。婚姻长乐工作坊就是专门为夫妻设计的，尤其是当他们共同参加以后，除了找到快乐婚姻的相处模式，更可以在教育孩子方面达成一致。

金小安：请用一句话概括长乐婚姻的相处模式，它有特定的目标人群吗？为什么建议推荐给夫妻们？

简·尼尔森：我的想法是，当婚姻关系中有爱与尊重时，每个人都更加快乐。任何一个想改善情感关系的人，都可以来参加这个工作坊。前段时间我们还在讨论，如果情侣在婚前一起来参加这个工作坊会更有意义。这样情侣们会学到一些在婚姻生活中特有的沟通技能、换位思考的表达方式等。而不是蜜月期过了以后，开始争吵和抓狂，互相埋怨对方。他们会学习怎么去挖掘和看到彼此最积极的一面，学会感谢和欣赏。日后有了孩子，也会更好地站在一致的起点上。

张宏武：相爱容易相处难，婚姻需要经营，才能让爱情历久弥新。我们希望这个课程能帮助任何准备在亲密关系中做出改变的人。注意，这里是“婚姻教育”，而不是“婚姻咨询”，不必等婚姻出现危机时再来。

金小安：特别有感触的是课堂中导师说的一句话，“要尝试改变对方，先努力改善自己”，我理解这是婚姻长乐课程的精髓之一。

我们总是忍不住将错误转嫁到对方的身上，而很少真正意识到自己的不足。改变自己犹如搭建楼宇的奠基石一般，起到了至关重要的作用，两位对此有什么来自自身的经验、体会或者看法吗？

简·尼尔森：完全如你所说的那样。

张宏武：我们在婚姻中常犯的一个错误，是让配偶为自己的幸福负责。常听到有人抱怨，就是因为他 / 她，我的婚姻不幸福。其实，幸福是自己的事，自己成长，而不是尝试改变对方。

金小安：很多夫妻会提出婚姻不幸福，其实是两个人的问题，如果单方参与婚姻长乐课程愿意提升自我，伴侣却拒绝配合和接受，我们如何给出更好的建议呢？

简·尼尔森：别小看单方面的力量，一个人，也能在婚姻关系中起到举足轻重的作用。当你尝试着不去争吵，停止埋怨，把对方的优点不断地扩大，尝试着做一个最完美的伴侣，这时候你也会看到一个不一样的对方。

张宏武：当我们自己做出改变时，除非关系真的到了尽头，我们看到的是对方或多或少、或迟或早会给出回应。如果你们仍然珍惜彼此，继续尝试去努力吧。再次强调，努力的方向不是改变对方，而是改变自己。

结束语：有句老话叫作“一个巴掌拍不响”，课堂中我们有个同学提到“人心隔肚皮，何况两个人还隔了两层肚皮”。很多时候，我们容易沉浸在自己勾勒出的情感丰盈的世界，不由自主地浸泡在这样或那样的情绪里面。心理学家阿德勒曾说过：“你的想法本身没有意义，除了你赋予它的意义。”还有的时候，我们明明没有努力过，就操之过急地去责备评判。责备和埋怨这个东西，真的比冷水还冷，什么样的熊熊烈火，也能被瞬间浇灭。

所以在大家都在晒红包、撒狗粮的那天，我在朋友圈写下这次婚姻长乐课程最深的体会：“只有自己不断修正，才有资格期待和值得拥有那么好的对方。”

再次感谢简·尼尔森博士和张宏武老师这次的倾心回答，愿我们在婚姻生活中探索美好的自己，学会以尊敬和崇拜的心情，珍视缘分带给我们的另一半。

Chapter 1 壹 船已启航

当我们被宣布结为夫妻时，不得不承认，那种爆棚的幸福感的确此生难忘。这是人生的一个崭新旅程，我们离开父母，也许即将为人父母。

很多年前，有部电影叫《二十七套礼服》(*27 Dresses*)。讲的是一个酷爱当伴娘的姑娘，几经周折终于找到真爱的故事。在她的世界里，参加婚礼是一件让人有勇气去“相信”的仪式：新郎新娘的眼神交织，直击人心的婚礼誓言，其乐融融的祝福气氛……她说婚礼能让人感受到最美好的人生，所以她从花童做到伴娘。尤其是新娘走向新郎的时候，那脸上特有的表情，给人以去爱的勇气。

没错，他/她也许相貌平平，并不是多金，看不出有什么过人的才气，可就是和他/她在一起，你会哭会笑，愿意敞开心扉，一切事物都想和他/她分享。你俩难免吵闹，总会争执，可临睡的时候还是愿意紧紧相拥，睡醒的时候还是忍不住亲吻对方的额头，你愿意对方看到最真实的自己。见不到的时候会刻骨地想念，在一起时能感受到输送到心尖的开怀。

是的，这就是我们期待中婚姻生活的样子。大风大浪也好，春华秋实也罢，余生只愿拥有彼此。

有段时间，网络上流行一句话：“曾经以为你是避风港，谁知道你就是风雨。”这句话让许多人产生了强烈的共鸣——没错，婚姻就是一场腥风血雨。很多人都说，婚姻让人苦不堪言。我们曾经眼中的明珠，走到一半才发现是块磨刀石，把每个人都磨成了一把利剑，戳人伤己。婚姻，难道真的应了张爱玲所说的，在身边的是朱砂痣，没能得到的才是窗前的一抹皎洁月光？

婚姻是不是避风港？不是，真的不是。婚姻的目的绝对不是让你逃避人生任何一个阶段或者难题，婚姻本身就是一个挑战性的难题。

作为已经走向社会的成熟的高级动物，我们必须知道在面对生活问题时，只有勇敢和自信才是一切问题的出路。但这并不代表我们不会犯错，不能怀疑自己，而是要具有坚定的态度，及时环顾脚下的路，且行且更正。

我曾不止一次收到过类似的问题：“领证的日子即将到来，突然很害怕、很胆怯，觉得这不一定是个正确的决定。也不太确定自己是否真的愿意改变现在的状态，怎么办？”

什么才是正确的，又是什么让你认为它会不正确？晚一点领证，并不会耽误你一生的幸福，如果这个对象真的是你此生的伴侣。

- 你和他 / 她在一起的时候，对方是不是很友善，有同情心？他 / 她的品行是不是正直？
- 他 / 她是不是和你有共同的目标，也同时确定你们即将建立的终身关系，是否能让你们一同学习、一同成长？
- 他 / 她有没有自己的行事风格、生活方式、兴趣爱好？
- 你们的大部分价值观和世界观有交集吗？
- 你们有没有一些共同的兴趣爱好，可以用来一起打发休闲时光？
- 他 / 她是否想成为你最好的朋友兼灵魂伴侣？
- 他 / 她会和你谈论感情吗？他 / 她对自己的情感世界有无认知？
- 他 / 她能处理好矛盾心理和抑郁情绪吗？能不能宽容地对待你的、他 / 她自己的和别人的失败和缺点？
- 在他 / 她给你的物质生活带来新鲜感的同时，能不能也给你的精神生活带来新能量，从而让你们的二人世界更精彩？
- 他 / 她能否激发出你最好的一面？

很多船只在启航之前都会鸣笛，如同现在流行的“官宣”一般。结婚之后，为人夫为人父，为人妻为人母。和一个没有任何血缘关系的个体，结合成最亲密的人，未来的路，与依偎在父母身边的日子截然不同，和单身独立的生活模式也大相径庭。

我们的选择，成就了一双筷子：无法单行，无须绑定，却要并行。筷子被赋予的意义——同行与合作。

在不婚、同居、离婚之外，你选择了婚姻。在未来的日子里，你会感觉到这个决定犹如闪电般在生活灰暗时照亮全局，并且能清晰地感受到背后的支持力量。这份力量就是你的伴侣、你的家人和你对他们的爱与坚定。

鲁道夫·德雷克斯（Rudolf Dreikurs）曾说，“对于具有高度社会兴趣的个体来说，奉献自己和接受对方的渴望结合在一起，对对方有持续的、排他的兴趣，以及渴望两个人在一起的欲望”，才算是“爱的感觉”。

当然，我们同样深知，在婚姻中维持这份“爱的感觉”，实在不易。

所以在启程之前，我们先看看船上的储备和要准备的行囊吧！

阿德勒多次提出，我们寻找归属感和价值感的最重要途径，是建立连接。那么，你准备好和你的另一半建立通往彼此世界的重要途径了吗？

心理学家贝蒂 · 卢曾将阿德勒的核心理论，总结归纳为 4C 的关系原则：

用“关键的4C”阐述阿德勒核心理论

阿德勒理论 Adlerian		关键的4C Crucial 4C		需求 Need		观念/决定 Perspective/Decision
• 归属感 Belonging • 超越自卑 Improve-to+ • 价值感 Significance • 鼓励 Encouragement	↔	• 连接 Connect • 能力 Capable • 重要 Count • 勇气 Courage	↔	• 他人 Others • 独立 Independence • 价值 Value • 韧性/抗挫力/复原力 Resilience	↔	• 我有所归属 I Belong • 我能做到 I can do it • 我能改变 I can make a difference • 我能应对生活中所发生的一切 I can handle what comes

这关键的 4C，是否存在于你的婚姻中？

我们来看这样一个故事：

曾有个男孩在婚前找我做咨询，说未婚妻是父母喜欢的类型，漂亮懂事，很听话。只不过毕业后一直没工作，零散地做过一些杂工，但是后来都放弃了。她和之前的同学也陆陆续续断了联系，没有朋友。男孩说："既然她喜欢在家，那就待在家里好了，她还是会成为一个好妈妈，然后相夫教子对吗？"

他其实已经开始有些许顾虑，可又急于去找一个可以说服自己的理由。

在他的叙述中，我捕捉到了两个很关键的词：没有朋友、没有工作。熟悉心理学教父阿德勒的理论的人一定都知道，个体心理学将生命问题划分为三个部分：与他人的关系问题/伙伴关系；与工作相关的问题/从事有用的职业造福于他人；与爱情相关的问题/彼此幸福感相当且乐意精诚合作。

在这个例子中，这位男孩的未婚妻缺失与其他同伴之间的桥梁和联结，更无从谈及社会情感。所以，在未来的个人发展或者情感道路上，也必将受到一定的限制和约束。

要知道，人的性格与生活方式基本在4—5岁时已形成定式。人们对生活意义的勾勒、对于目标的追寻、行事风格乃至情感倾向都是定型的。

这个女孩，很有可能很胆小——她逃避那些自己无法解决的问题，生活态度以及处事方法都暴露出她的胆怯。

这个女孩也许是个被宠坏了的孩子——她并不知道价值感是需要自己赢得和付出的，她觉得一切都需要别人给予。

在婚姻生活中，“回避”是最没用也是最愚蠢的方式。一些问题都会在最不适当的时候暴露出来。

所以我问男孩：

“你愿意给她启迪，让她从‘需要别人为我做一切’的习惯中被唤醒吗？”

“你愿意教导她不去给自己设限，平息她面对自身处境和面对社会问题的恐惧吗？”

“你愿意给她勇气，向她指明她依然具备合作的能力吗？”

很多时候，对方寻找的并不是一个答案，他们心中早已有诸多备选答案。人们需要的是一个方向和能够朝那个方向去努力的意愿。

她能否

激发出你

最好的一面

Chapter 2 贰

步入殿堂之前，我们讨论一下？

中国有句老话："人无远虑，必有近忧。"在我们的文化中，"把丑话说在前面"似乎是一件非常难以启齿的事情。但如果匆匆忙忙地卷入一场婚姻而并不知其然，日后我们会面临更多的难以启齿。

步入婚姻后，只要我们爱着对方，也被对方深爱，这份感情中就一定会经历崎岖的波折和灰暗的地段。我们会因为鸡毛蒜皮的小事，变得狂躁易怒、戒备自卫、批评挑剔、怨声载道、要求苛刻、麻木不仁、怒不可遏……也会在大的原则上互相较劲，争执得互不相让。

婚前，我们需要讨论些什么？

你和我，如何成为我们？

我们是谁？我们能做什么？我们现在想做什么？

在做厮守一生的约定之前，我们需要准备什么？

价值观（对金钱、友情、亲情等概念的定义）、信仰、工作量分配、性爱喜好、人生规划、教育程度、亲密感需求度和情感风格等，都会成为日后婚姻里经常困扰我们的循环性话题。《蜜月之后》的作者、心理学家丹·怀尔（Dan Wile）曾说："当你选择了一位长期的生活伴侣时，同时你也不可避免地选择了一系列特殊的无法解决的问题，你会同这些问题斗上10年、20年或50年。"

现在，我们来看几个常见的问题：

1. 你的家人，我的家人

作为传统的中国人，结婚后要面临的一大考验，就是姻亲：婆婆/丈母娘、公公/老丈人。我们婚后是否会和父母生活在一起？如果不生活在一起，那么多久会去看望一次？每年的春节将如何度过？和哪一边的父母过？在男方家几天，在女方家几天？还是各回各家、各找各妈？……有数据显示，在中国，每年春节有很多家庭会产生纠纷，不欢而散，有的甚至打成一团。

但凡能预见到的隐患，都不如在第一时间摊开来放在桌面上，不一定要立即解决掉，至少两个人要一起商讨出可以共同付诸努力的方案。

我们并不要求对方因为爱我，就得完全无私地爱我的家人，但基本的尊重和理解，在婚内是必要的。更需要意识到，夫妻之间的"我们"，是一个团队，在这个团队里，很多有关家庭的问题是无法避免的，我们需要站在同一个立场上，以团队的形式去思考和解决。

很多独生子女组建新家庭后都会面临双方家长不和睦的情况，因为很多平日把孩子当成掌中宝的双亲，都存在着过度参与孩子生活的情况。即便子女成家之后，他们也想知道孩子在新家庭中生活的细枝末节，参与从柴米油盐到家庭决策的各种事情。

无论是妻子还是丈夫，都觉得自己需要受到足够的尊重，同时他们还有可能因为对方父母的干预和管辖而心生不满。这一点，同样需要夫妻达成一致来协调，而不是单方面屈从于父母的期望去妥协。

2. 组建家庭之后，琐碎的家务如何分配？

飞速发展的时代、不断更新的物质条件，给我们的日常带来了越来越多的富足和最大化的便利。大部分家务劳动是可以寻求外力帮助的，很多琐事也不再成为琐事。但是任何一个家政人员，都不可能代劳生活中的所有。有分析指出，分担家务或合理地共同从事家务，有助于增进感情。

当今社会，很多家庭模式不再是“男主外，女主内”——两人都在外奔波忙碌，那么家庭的琐碎事务谁去料理？

我认识这样一对非常成功的企业家夫妻，儿女都在国外读书。一尘不染的家里常年有保姆打扫，步入中年的女企业家白天在公司用餐，晚上只吃简单的减肥代餐。丈夫在儿女离家之后就再也没有吃过早餐，衣服穿到破了洞，也只能让助理去买。他在公司加班，基本是常年吃外卖，晚上多数时间都是参加酒局。这对夫妇在和朋友用餐时，还会毫不在意地开玩笑说，在儿女出国之后，两人关系形同室友一般。

也有人说，这是人类进步的一大新现象。

但是，这是我们步入婚姻殿堂时信誓旦旦要拥有的幸福生活吗？

对于家庭的琐碎，双方都需要承担起属于自己的那部分责任。从很多受到挑战的婚姻案例中不难看出，好多时候，因为过度放任和给予，反而导致对方肆无忌惮的懒散。一方无止境地索取、享受而不知回报；另外一方一味地承受，无底线地退让。

这里并不是说结婚之前就要列个单子写出来你洗碗还是我做饭，而是需要设定一个责任分担界限来保护自己。在伴侣越界时，需要及时沟通和调整。看清自己的责任，首先有助于纾解心中的怨气和愤怒，学会谅解与宽容；其次，不能培养任何一方的惰性与忽视。

互相扶持，彼此理解、信任、接纳，才能走得更长远。

3. 要不要孩子？

抛开奉子成婚的婚姻案例不说，孩子的问题迟早会被提上议事日程。

首先，一个生命来到这个世界，需要两个人共同选择。孩子也许是上天赐予的礼物，但是要孩子绝不应是来自父母的压力、社会的压力而为之。这需要夫妻双方共同商讨和带有爱意地尊重对方的决定，同时做好规划。

但凡觉得这个决定是因为别人而做的，在日后我们就会将问题的矛头指向他人——“我根本就没想过要孩子！”伤人又伤己。

孩子是爱情的结晶，也是一份不可推卸的责任；孩子是无辜的，不是我们推来推去的包袱。

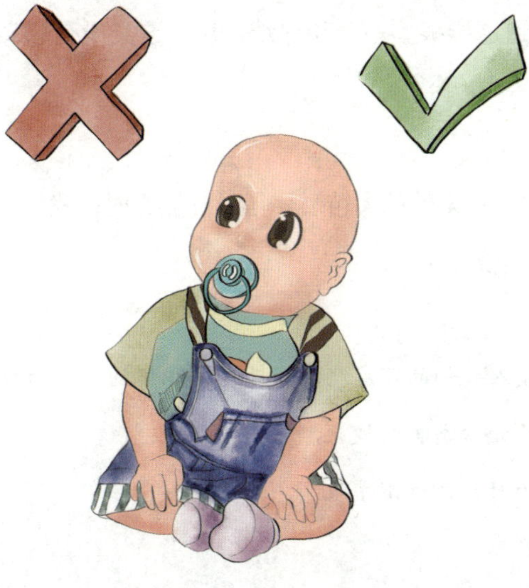

4. 钱 / 物资

日后的家庭开销如何处理？是两人共同分担，还是一人负责？

如果是只有单一经济来源的家庭，那么是否需要持有共同的银行账户？

多余的财产谁去管理？

是否需要婚前公证？

需要注意的是，讨论的目的并不是每一个细节或者棘手的问题都必须有个非此即彼的答案，而是双方都要明白真正的问题出在哪里，并都有下决心解决的一致目标。

日后即便问题冒出来，我们就不会总是听到“你怎么不早说？”“早知道这样根本不会和你结婚！”这类没有意义且伤人伤己的话了。

与此同时，在爱情的火苗燃烧得最旺盛之时，我们不如借着这股力量，来做一个约定：

- 全情投入我们的家庭生活，无论是积极的还是消极的。
- 用开放的心态聆听彼此。
- 吃饭的时候请放下手机。
- 尊重隐私。

这些约定是根据二人的共同认知来添加的，但是需要记住，这是基于双方互相尊重的情况下的共同约定，并不是任何单方的过度诉求。

看到这里你可能会嗤之以鼻。我知道，这看起来像一份完美的协议书。当然，因为人性，我敢打赌，这份约定很快就会被打破。即便如此，约定是双方在彼此尊重的基础上共同制订的，先来让两人一起阅读、通过并且接纳吧。剩下的议题，我们可以慢慢地留到家庭会议中。

正面管教课程中有个非常重要的活动是“家庭会议”：在固定时间里，讨论一周内的家庭问题。刚开始组建家庭的夫妻，开家庭会议的成员只有两个。有了孩子，或者与父母、孩子共同生活的家庭，可以一并接纳父母参加会议。

家庭会议的目的是让大家看到彼此在家庭内外的付出，找到自己的存在感和价值感，同时找到一起解决问题的努力方向。

家庭会议一般分为致谢、讨论议题和欢乐时光三个部分。

在对张婷婷老师的访问中，她曾建议，刚开始召开家庭会议时，可以在前面几次只进行致谢、欢乐时光这两部分，把家庭会议变成家人都认可和期待的时刻，让大家知道这是一件开心的事情，等家庭氛围慢慢变得越来越有爱以后，再在家庭会议上提出讨论的议题。

议题通常是从比较小的事情开始，比如核对大家下一周的时间安排，再慢慢讨论更深入的话题。家庭会议的重点是每周定期举行，共同搭建一个让家人可以看见彼此、感恩彼此、关爱彼此、支持彼此的平台。

Chapter 3 叁

接受我们的不同

树上没有完全相同的两片叶子，同样，这世上也没有完全相同的两个人。不同的原生家庭、成长环境，成年后的生活经历等诸多因素都会造成人与人之间的差异。我们每个人，又是通过各种体会、经历，建构起自己独有的价值观和世界观。不可回避的固有记忆（童年）是每个个体生活和成长的奠基石，它不但影响这个人的情感态度，也显现出他/她需要克服的诸多障碍，同时，还决定了他/她的生活兴趣和生命发展的方向。

同样一句话，带给我和你的感受很可能是截然不同的，我们有着不同的认知地图。

原生家庭养育者的教养方式、所处的家庭环境、被灌输的家庭价值观、父母的个性、父母之间不同时期的关系都决定了你现在面对的这个另一半独一无二的人生观、价值观和世界观。他/她对婚姻关系、合作和协商的看法，很大程度上取决于他/她父母处理冲突和分歧的方式。

例如，一个在儿时受到母亲极度宠爱和纵容的独生“妈宝男”，就会十分需要伴侣像妈妈那样为他全情投入。步入婚姻生活后，他甚至会将两个女人进行无意识地比较，这也许会妨碍他的情感。因为他在恋爱关系中，未必能做到“两性相处时所需要的互相迁就”。同样，非常依恋父亲的女孩可能会期望她的丈夫具备父亲般的品质，为她提供像爸爸一样的理解、耐心、指引和保护。她可能不会意识到，在和她同龄的男孩中，未必有很多人具备像她父亲一样的品质——成熟稳重、理解度高、极度耐心和具有保护力。男人需要很长的一段时间去成长，父亲也是一路这样成长起来的。

童年被养育的方式在成长中起着举足轻重的作用。在不谙世事的童年，没有人会明白，父母的消极情感态度和不当的教养方式，具有非常长远的影响和杀伤力。当时未成年的我们，在遭到父母的拒绝、批评、责骂时，自惭形秽，将原因归咎于自己身上，认为一切都是自己做得不对，内心充满自卑、懊恼、悔恨和羞愧。这像一个地雷，深深地埋在了内心的土壤里。

时隔多年，当类似的情感氛围重新涌现时，我们很容易把伴侣的观点或评论视为对自己的批评、责骂，甚至冷漠无情的拒绝。于是，我们无法心平气和地与对方交流。有时候甚至会产生错觉或误解，伴侣但凡稍有微词，自己就会反应过激。实际上，造成这种情形大部分的原因，是我们昔日的经历带来的那些感受又刺痛了自己。通常来讲，和伴侣在一起，你感受到的安全感，很多时候反而会激发出你内心深处的恐惧。

原生家庭里父母的相处模式同时有决定性作用。他们是否同时存在于你成长的环境中，又或者有一方离开家庭，只有另外一方单独抚养你？有没有哪一方是长期缺席，或者只是出现很短一段时间？父母之间是否经常发生强烈的争执甚至家暴？又或许你的父母一直都是互相尊重、互相合作的？

如果在我们成长过程中，父母非常相爱，父亲能耐心地聆听母亲倾诉她的失意与沮丧，也能始终如一地关心与理解母亲，如此耳濡目染，对我们有巨大的教化作用。同样地，如果母亲对父亲的态度是尊重的，没有太多的责备和抱怨，我们同样会从中学会理解与共荣。

这些影响，会决定你“认为”婚姻的样子和相处模式：婚姻是可以信任的，或者婚姻是充满暴风雨的。

很多人在陷入情网之后，特别确定生命中的这个另一半，是和自己志同道合的。也有许多人，在婚前无数次提出疑问——“到底应该找一个和自己相似的伴侣，还是相异的？”

相处的关键并不在于相似或迥异，只要我们接纳和挚爱这个人，他 / 她的缺点就无关紧要；而当我们拒绝接纳一个人时，他的缺点就成为让我们产生敌意的好理由。

男女之生理构造的差异，同样影响到我们思考问题的方式与交流沟通之不同，也造成了相处时可能会出现的龃龉和矛盾。

张先生和张太太就是很典型的例子。

张先生出生在工程师家庭，从小父母对他要求严格。在他的成长环境里，他没怎么见过父母去积极地表达爱，或者行为上的亲昵。父母总是告诉他，人是需要努力的——吃得苦中苦，方为人上人。不能太肆意地去表达自己，需要隐忍。男人要顶天立地，而且控制感情是一个人成功路上最基本的事情。张先生后来也学了理工科，成了一名工程师。

而张太太出生在一个美声老师的家庭，父母热情奔放，很在乎感官带来的生活体验。在她的印象中，父母一直很相爱，很快乐也很重视表达，他们经常聊天，也会很直接地告诉对方自己的诉求。张太太十分感性，喜欢看文艺类的电影，有着天马行空般的梦想，也经常因为小事泪流满面。

在这个家庭中，张先生受到最多的抱怨就是自己太冷漠太冷酷，他不能理解，为什么太太会有那么多情绪？而张太太也经常被先生贴上“没有脑子，过度敏感”的标签，她也不能理解，为什么丈夫的世界那么冷冰冰？

在他们的分歧里，目标并不是改变两个人的处事风格和性格、解决二人的迥异。因为教养方式的不同和男女性别的差异，这个冲突会一直存在。他们的目标，应该是如何减少这个问题带给彼此的困扰和伤害。

《男人来自火星，女人来自金星》的作者约翰·格雷（John Gray）有个很有趣的视频，叫“My wife is not happy”（我老婆就是不高兴）。大概内容讲的是，男人回家之后，会很有意识地找一个低坐标点的位置坐下，然后，仿佛背后有个开关一样，他们会关上这个开关，看电视就是看电视，玩游戏就是玩游戏，所有的繁杂事情可以在那个当下被抛诸脑后。这时候，男人的大脑血流速度会较缓慢，呈放松状态。而女人却不是这样的，她们看到男人百无聊赖地窝在沙发里，一句话不说，也不主动嘘寒问暖，就会气不打一处来。这时候坐在沙发上的女人，即便看上去是一同看电视的样子，但她们的脑部血流速度却是非常快的，内心戏很多，情绪波动也大。

当丈夫对妻子视若无睹时，他并非存心要忽略和冷落对方，也许他正在以自己独特的方式处理白天的工作压力。但妻子盼望的是“亲密无间、无话不说”的沟通。女人在很多时候，并不在乎解决问题的策略，而是需要先吐露出心中的真实感受以引起他人的理解与共鸣。

在这一点上，我们需要意识到男女之间的差异，才能从根本上有效减少矛盾与冲突的概率，更进一步地了解彼此，从而令双方的情感关系日渐加深。维系一段美好的感情，无须付出过多的精力，也不需要一直保持面对千难万险、举步维艰的心态，需要的是我们用心适当地调整精力的投入方向和方式，让我们的伴侣充分欣赏到我们的努力，彼此感激对方的付出。

现今中国大多数 40—50 岁的男人属于“70 后”或者“60 后”，在他们成长的过程中，很少或者几乎没有看到过父亲对母亲的体贴与关爱，相反地，他们感受到的大多是母亲在源源不断地付出，任劳任怨，却并没有得到相应的回报。很多这个年龄层的男士表示，他们在无意识之中，依然继续沿袭着曾经感受过的父母的相处模式，而忽视了婚姻内对方满足感的重要来源是自己。他们并不应该受到责怪，这并不是谁的错，他们只是不知道如何给予而已。

现在让我们来做一个小游戏（Family pie，家庭饼图练习，来自鼓励咨询课程）：

- 把你家里所有孩子的名字（包括自己的）都填进去，每个人占一块。
- 用两个或者三个词来描述每个人的小时候，包括自己。
- 你觉得自己是什么样的？
- 你觉得现在的自己还是这样吗？

同样的问题，问一下你的伴侣：

- 他 / 她的家庭成员。
- 他 / 她对每个家庭成员的形容。
- 他 / 她认为自己是什么样的（形容词）？
- 他 / 她现在还觉得自己是这样的吗？

请看看你们两个的家庭饼图，差异在哪里？对自己的看法和形容又有什么不同？

我们所画出的家庭成员饼图，代表了孩童时代我们对自己的定位。尤其是在有兄弟姐妹的家庭中，我们会无意识地把自己代入一种角色中去比较。独生子女会把自己放置在中心，因为自己就是“宇宙的中心”。少数的独生子女因生活环境的原因，会把自己与表亲、堂亲，甚至父母或者邻居做比较。别小看这样的比较，它会一直影响着我们，并伴随我们的一生。

需要留意到的是，独生子女最缺失的是良好的社会存在感和合作精神。因为从小就是家庭的中心，总是能让所有人围着自己转。很少有家长能培养出孩子良好的合作意识，独生子女在骄纵与专制贯穿的生活中长大。步入社会之后，独生子女慢慢失去受宠爱的地位，他们最容易在情感关系中表露出的行为就是——刷存在感，求关注："我才是唯一的，我才最特别。你需要看到我，看到我，只看到我一个人。"

"你为什么冷落我？"
"工作至于那么忙吗？"
"你就不能关心我一下？"
"你妈重要还是我重要？"

很多独生子女的父母成长于供给不足，愿望被剥离的年代。这些父母很少有人会有精力或者有意识去学习更先进的养育方法，他们能给予的，是过度地要求之后再过度地补偿。大多数父母都会极度溺爱孩子，想让孩子拥有他们那个年代所有没有过的福利和物质，与此同时，因为自己付出得如此之多，所以更希望孩子攀得越来越高。

我私下和很多独生子女夫妻聊过他们的感情观。大多数人反馈，在成长过程中父母总有一方非常强势，虽然自己心里一路抗拒，但表面上又会服从。阿德勒曾提出，这些记忆或者早期图景，是早期生活方式得以发展的一部分，也称为原型（原型这一词汇在个体心理学中不再被使用）。每个人都会记得一些东西，而那些存在于记忆中的东西往往是至关重要的。

这些独生子女夫妻，很大程度上还是不可避免地沿袭了父母带来的模式——接纳感差、主观、爱批评别人。

两人相处至关重要的一点，是不要期望我们的伴侣总是能附和赞同我们的观点，也不要总觉得他们应该以我们的方式去思考、以我们的感受去感受。

即使我们的观点不尽相同，和谐一致仍然能帮助我们理解和支持伴侣的观点或者需要。尽管有时候找到双赢的解决方案并不容易，但是如果有了良好的沟通和我们不曾放弃的爱，有共同的努力方向，那么，一切依然是可行的。

分享几个小故事：

故事一　你晚睡，我早起——我根本看不到你

A 太太的生活十分规律，早 6：45 起床，晚上照顾好孩子的起居之后，看一会儿电视，11 点之前准时关灯睡觉。A 先生因为工作关系，需要每晚都在外面陪客户，最早也要 12 点多到家，且大多数时候都

是筋疲力尽的。两个人像一对共同分享房间的室友，见面时间错位，没有机会沟通。A 太太向我抱怨说：“如何接受不同的生活方式？我一个家庭妇女，他一个工作狂，见面都费劲，这根本就是道无解的题。”

古今中外，男人生命中最重要的事情，就是事业、成就与效率。在匿名调查中，大多数男士都承认，他们最大的恐惧是不够优秀，能力不济，不能给女人最大的幸福。在 A 太太决定放弃这段关系之前，她首先需要了解的是,A 先生拼死拼活努力工作背后最主要的目的——不单单为了赚钱，而是寻找自己的社会价值感。

我并没有建议她去刻意改变自己的生活模式，但是偶尔，等待先生晚归，煮一顿消夜，或者促膝长谈一次也是不错的尝试。同样，周末时光可以很好地利用起来，可以是二人世界的“特殊时光”，也可以是携带着孩子出行的“家庭日”。

火焰总需要有人去点，也需要具备燃起的条件。

故事二　为什么你不能改变

C 太太很喜欢看演唱会，C 先生很不喜欢吵闹。C 太太买了两张演唱会的票，想让先生陪着去，先生非常不情愿，两人为此事提前两周就开始争吵。C 先生不能理解，为什么太太要强迫他去接受自己并没有兴趣的事情，找别人去不是一样吗？C 太太也不能理解，既然先生说爱她，为什么不能尝试改变一下自己呢？

鲁道夫·德雷克斯说："让对方做他不喜欢的事，比放弃做你喜欢的事，难度要高。"很多时候我们没有必要把自己的爱好强加在对方身上。既然他不喜欢而你十分着迷，那么不如自己先尽情地去享受这份快乐，再回来分享。

我们需要做的，不仅仅是知道彼此之间的差异，更要接纳对方的不同，尊重他/她的需要，也尊重自己的需要。不忌讳毫无隐瞒地表达爱和感受，培养良好的沟通技巧。

有了良好的沟通技巧，不同的兴趣爱好根本不会成为冲突之源。当一个女人抱怨"我的丈夫一天到晚老是打球"或者"我老公天天泡在健身房"时，真正的出发点并不是因对方热衷于运动而抱怨，而是他们没有利用良好的沟通方式去培养感情，满足各自的需求。于是，指责就会产生。

她特别想逛街，他却疲惫不堪。

他想看场关于第二次世界大战的电影，她却觉得太血腥。

她很想周末出去吃饭，他却嫌外面饭菜太油腻。

他想做爱，她却说"忙了一天很累"。

吃完晚饭，她想去散步，他却想留在家里看球赛。

他加班到半夜回来沾床就着，她却想聊天，吐槽一下和妹妹之间的矛盾。

她想出去旅行，他说最近经济不景气，最好待在家里。

…………

上面是若干个大家司空见惯的典型例子。我们彼此的兴趣和渴望都被无限放大后再被弱化，两人之间的重重障碍并不是因为差异，而是不能建立沟通的桥梁使彼此互相理解和原谅。

当我们的兴趣截然不同时，差异也有可能使两个人在自己的兴趣里更好地成长。我们将变得更为完整、更有接纳能力、更有爱和更体谅对方。

Chapter 4
肆

如被蜂螫的婚姻

度过婚后的甜蜜期，你内心也许会周而复始地出现这样的感受：

1. 你根本就不懂我

我们带着需求来到这个世界，这一生我们的所作所为，都是带着需要被满足的渴望的。

> “我们追求或吸引别人来做我们的伴侣，是因为我们需要陪伴、照顾、了解、支持、接受、赞赏、抚摸和相拥而眠。”
>
> ——克里斯多福·孟

带着需求没有什么不对，但是这并不是任何一个伴侣需要承担的。我们要的快乐、安全感、自尊或者其他感受，如果都需要经由别人来实现的话，问题就会滋生了。

自 20 世纪 80 年代开始，我们越来越多地接触电视节目。很多非常喜欢看电视剧的女性甚至表示，很容易也很喜欢把电视剧情节带进生活里，希望自己能像公主一样被宠爱，情人节没有收到礼物就是丈夫另有新欢；先生需要像英雄一般出现在每一个关键时刻，否则就是不负责任；约会如果迟到了就是没有时间观念，自己不够重要……因为电视剧里的男主角都不是这样的啊！

她们感到非常失望，认为自己不被理解，不被重视，婚姻并没有想象中那样光鲜亮丽，也会一次又一次地问自己："他不懂我，不爱我，这真的是我想要的生活吗？"

前面讲过，每个人的生长环境和个人经历，都让我们形成了自己认知世界的地图。与此同时，每个人迥异的思维逻辑，又会设立很多的等同性：A=B。

他临睡前没有和你说晚安 = 不爱你；
他在街上没有拉你的手 = 不爱你；
他没有秒回你的微信 = 不爱你；

她没有等你回家就睡着 = 不爱你；
她责怪你迟到 = 不尊重你；
她说你工作不负责任 = 看不起你。

我们直接将自己感受到的 A，诠释成自己认为的 B，并将之扩大化。这就是繁杂琐事和矛盾的形成，也是自己和对方都认为不被理解的根源。

他没有说“我爱你”，可能他从小的生长环境让他疏于表达；他没有准备礼物，有可能中午趁着午餐时间跑出去订花；他在你期盼他在场的时候没有第一时间出现，因为他满脑子都想着你前几日提出的诉求，想着如何去安排；他迟到，是因为老板要求他加班，他要赶快安排处理老板交代的事。

别太急着下定论，给自己和伴侣多些了解对方的时间和空间。

2. 怀疑

“我无法相信伴侣的爱，我觉得他 / 她早晚会伤害到我。”

“我觉得我自己不够好。”

“他说我很美，那都是假的，他一定是为了讨我欢心才这么说的。”

“我觉得我们走不到头。”

“我觉得他会爱上别人。”

“我觉得她会离开。”

很多新婚夫妇表示，即便两人相爱，即便结婚了生活在一起，还是经常会有这样的质疑。也未必是生活中发生了什么特殊事件，就是觉得不够信任对方。

要知道，所有的怀疑都是源于对自己的怀疑。这背后真正的根源，是你不能相信自己。对自己的不肯定，把过去的创伤错误地投射到当下和未来。对现状怀疑、对未来的不确定让你变得畏畏缩缩，不敢表达，却反过来转移在伴侣的身上，甚至用过去感受过的不善的沟通或相处方法，得到暂时的安全慰藉。

你需要学会识别自己的行为，就能在自己做出行为时有所觉察，并且能面对自己的恐惧，而不让关系进一步恶化：

- 你害怕的是什么？
- 如果你害怕的事情是真的，那么事情会如何发展？你们的婚姻将呈现何种模样？
- 如果你害怕的事情真的发生了，那么你是否具备处理的能力？
- 如果不具备，那么你的困扰又是什么呢？

怀疑背后的恐惧并不会在一夜之间消失，但是我们可以通过了解自己、打开心扉，比如和自己内心的小孩沟通，逐步解决困扰。

现在我们试着用查找童年回忆的方式来寻找一些你的思维逻辑（练习来自鼓励咨询课程）：

想一件你小时候发生的事情，用类似于电影的描述写下来。

在我______岁的时候，发生了________，当时是怎样的？

你的感受是____

你的决定是____

如果你有一个魔法棒去改写这段经历，你会改写这个故事中的哪一部分？

如果这部分改变了，那么，你觉得你的感受会是______你的决定将是________

别小看这个小练习，它真的能探寻你内心的世界，并从根基给予修复和重塑。

小时候，当我们迫切地希望父亲或母亲爱我们，但又经常被责备为“比猪还蠢”“养你真是折寿”时，觉得自己不值得这份爱，做什么都做不好。在成长的过程中，我们给自己建立了“我不被认可”“我不足够好”的价值观，我们愿意做任何事情，不计成本和代价，也要让自己被关注和被喜欢。

早期记忆会为你提供一把打开你内心的钥匙，揭示出隐藏在你潜意识中的宝贵信息。对自己的童年记忆了解得越多，对自己小时候形成的思维逻辑就能获得更多的理解，同时能更好地认识自己。人们的记忆都是有选择性的，我们只愿意留下符合自己思维逻辑的部分，通过这个小练习，可以更多地了解自己的思想、感受和行为模式源于何处，而且能更加精确地找到自己需要采取的解决办法。

曾经的你，也许对所发生的一切，没有主动权；但现在的你，可以去决定这些经历如何影响你。

如果没能妥善处理好自己的消极情绪，就很难让自己享受当下的幸福，更不要提倾听和理解伴侣的伤悲、失望与沮丧等情绪了。

最关键的，是我们需要以悲悯、包容及接纳的态度来倾听自己的内心。

我的导师张婷婷老师说：“不要把婚姻当作一个任务，或是人生的一个不可避免的阶段。婚姻是一个变成更好的自己，让自己去成长的道场。”

我们来看一个故事：

雷先生小时候很喜欢吃冰棍，但是妈妈从来不会给他买。就算是六一儿童节或者过生日也不可以吃。唯一能吃到冰棍的时候，就是考试拿了好成绩，哪怕是冬天，妈妈会特别开心，兴高采烈地给他钱让他去买冰棍吃。

所以，他的思维逻辑是学习好才会被父母认可，才能被喜欢、被看重。迄今为止，他依然认为，只要加薪、升职、事业上获得成功，就会得到伴侣的认可。反之，一旦他无法获得事业上的进步，或者不能给家庭带来更多的财富增长，他就会变得十分不安，觉得会被家人唾弃，没有了安全感。

从这个例子中不难看到，多数人会把曾和父母互动的模式，直接套用于和伴侣的相处中。

我们无法抹去原生家庭的养育方式带给我们的影响。每当我们面对某个自己觉得不能解决的问题时，这种影响带来的思维模式，就会不断占据我们的思想，好像独白一般不停地萦绕在脑海里。

不幸的是，大多数人并没有准备好当自己面临困境和冲突时，还能给予爱人勇气和安慰。我们之所以会去怀疑，是因为自己曾不被信任。

当我们心生疑虑，不信任别人时，先看看这三个要素是否在我们的婚姻中有所缺失。

- 自由

自由是以不侵害其他人的自由为前提的、独立行事的。这并不是指我们可以肆意地做任何想一出是一出的事情，否则我们会将某些压力强加于他人。在婚姻生活中，带有底线的自由是必不可少的，任何一个人都不是对方的囚鸟，我们找的是人生伴侣，不是傀儡。

- 秩序

我们常说的“家有家规”，任何一个特殊情况出现，即便是满心愤怒，也不要乱出牌。

- **内省**

内省是检视自己内在想法和感觉的过程，其终极目标是让你能和自己的内在和平相处，并且正向、坦然地面对它们。

你发现没有，身边特别有魅力的人，遇到困难时未必会马上迎刃而解，但他一定能找到方式让自己自信前行。

我理解，相爱的两个人，不一定总是迷恋对方，但一定会在尊重的基础上鼓励彼此。无论何时何地，不要埋怨也不要恶言相向，那不过是你发泄出来的最胆怯的自己。

卡尔·荣格（Carl Jung）曾赋予“投射”这个词以意义：“我们所看到的外在世界的每件事，其实都是我们内心世界的反映。”

内心愤怒的人，总觉得别人做什么都是错的，有很多惹人生气的缺点；内心恐惧的人，就会觉得大家看起来都很凶恶；内心充满疑虑的人，会觉得任何事情都不可相信。

你多有爱，就会有多被爱。

Chapter 5

伍

撒娇是一把利器，态度比技巧更重要

让我们来回忆一下，你们刚恋爱时，第三次、第四次约会时候的情景。你会不会远远地跑过来，一下子用尽全力地拥抱他？他又会不会提前几十分钟就坐立不安地在你楼下等待？

然后再来看看，现在你们的婚姻中，当伴侣回家时，你是如何迎接他的？

当他推门而入时，你是坐在饭桌上一动不动，点下头说："哎，回来了？"还是他归家的时候你已经早早入睡，被吵醒后，只是翻个身、转个头。或许他根本就不会惊动你，又或许因为孩子的出世，你们已经分房睡很久了？

不知道你有没有看过近些年很流行的一个韩国公益广告，开篇是一个男人带了礼物回家，面无表情、交功课似的递给妻子。妻子也百无聊赖地把礼物放在一边，连包装都没有拆开。某一天，男人突然提出离婚，妻子同意，但条件是，这一个月内丈夫需要每天都对她说"我爱你"，临出门前亲吻她的额头，晚上睡觉的时候拥抱着她，上街时牵着她的手。一个月过后，妻子就会签字离婚。丈夫觉得很无理取闹，但是为了达到离婚的目的，就答应了妻子的要求。

这 30 天，丈夫一开始做这些事情时觉得很难堪，好像被架上了台一般。即便如此，他也做到了承诺，说“我爱你”、拥抱妻子、拉着她的手上街。这感觉从尴尬变得熟练，从熟练变得有些欢喜。丈夫突然意识到，这 4 条是当年自己向妻子求婚的时候，单膝跪地时的承诺，如今却没能遵守。

当他觉察到的时候，一个月的时间已到，妻子按照约定好的，在离婚协议书上签了字，搬了出去。他在大雨里拼命地奔跑，到处找她。

很多男士认为，一旦组建成家庭，就大可不必像恋爱时那般煞费苦心，那些增添浪漫情调的小曲目，可有可无。

“都是两口子了，彼此那么熟悉，何必再去做那些小事、拘那些俗礼，不显得很生疏吗！”——男人们如是说。

他们并没有意识到，正是他先前那些浪漫的举动，点燃了女人的内心，使女人注意他，对他着迷。

任何一种循环型模式的生活，都需要调剂品。简·尼尔森认为，“打情骂俏”的技能，在生活中至关重要。一个简单的需求，我们如果使用勒令或者通知的方式要求对方，效果通常不是很好，撒娇在很多时候非常奏效。

有位同学曾经分享她闺密的小故事，这个女孩从小到大，一直拥有很多疼爱她的男人。旁人都不解，她相貌平平，身材也不算很诱人，为什么那么多男孩子会很宠爱她？闺密说起她和男朋友吵架的细节：她把自己关在房间里生闷气，当打开房门的时候，男朋友一副爱答不理的样子，耷拉着脸。这个女孩马上泪流满面，跑到他面前生气地说："最让我生气的，是你没有马上抱着我，我很伤心！现在请你抱我！"

听过这个故事的很多男生都说："果然是个撒手锏。"与其争吵不已，这一句软软的撒娇，男性们都自觉地想退让。

现在，我们来做一个小游戏：请你紧握住拳头，另外一个人尝试用一切方式打开它。握拳的人请使用最大的力气去握拳；而另外一方，尝试各种各样的方法去打开。然后更换角色。

你们的感受如何？是不是越是使尽全身的力气想打开，对方越是较劲？打开的这一方呢，是不是看着对方收紧拳头，就气不打一处来？

这就好比婚姻中我们总是较劲的状态：

"我偏不做。"

"我还就不信治不了你。"

“不行，你必须这样！”

“你无权干涉我！”

日复一日，双方都陷入僵持且紧绷的状态。沟通有很多方式，在很多没有太大原则的争吵上，撒娇和服软未尝不是一个更好的解决办法。

很多人对我说，“我就不是一个会撒娇的人”或者“我凭什么卑躬屈膝”，婚姻不是真正的战场，你不需要赶尽杀绝，让家庭充满了杀戮的味道。任何一方过度骄傲矜持，都没有什么实质性的效果。我相信你不是“不会”和“不能”，而是“不愿意”。

可以尝试着从改变人称开始，说话时以“我”开头，而不是以“你”开头。第二人称在很多时候会给人压力和“矛头被指向感”。心理学家海姆·吉诺特（Haim Ginott）注意到，以“我”开头的短语通常不太可能是批评性的：

“你必须听我说话”换成“我会很高兴你能听我说话”。

“你就这么挥金如土”换成“我很希望我们可以有些积蓄”。

“你根本不在乎我”换成“我觉得被忽视了”。

以“我”开头的句子比那些以“你”开头的句子，显然温柔许多，也更容易让对方对你产生共情。

积极的回应方式，也许不会让伴侣马上下意识地附和你，但是它带来的“余震”却是不可忽视的。

A：你从来都不碰我！

B：那天在这里你拉了我的手，这感觉好像我们当年一样，整个人都触电了。

A：你怎么又把车刮了？说了多少次了，你行不行？不能开就别开！驾校的钱算是白交了！

B：我看到车门上有个新的划痕，发生了什么呀？其实我挺担心你自己开车的，希望你注意安全啊！

A：你总是把我放在最后！我在你心里根本没有地位！

B：我觉得好孤单啊，很想你。

谁没有数以万计的方法来表达自己和吸引别人呢？

每个人都可能是莽撞或耐心、冷酷或敏感、自私或体贴的。

在生活中，女人的包容和原谅会成为男人强大的动力，使两人今后的相处更加和谐。通过温言软语软化对方，反而能促使他/她审视自己的行为，更加信赖彼此。

Chapter 6

陆

你应该这样做

每一个争吵故事的背后，都有一根导火线。而藏在每一根导火线背后的，未必是你认为或者“看起来是”的那个原因。

需要承认的是，我们的传统文化里，依然存在着严重的大男子主义现象。很多女孩在成长的过程中都会被告知，“贤惠且听话”才是她的最高价值。极具讽刺性的是，这类女孩找“大男子主义型”丈夫的概率特别高。

在健康的婚姻关系中，我们需要互相尊重，与对方探讨如何合作，而不是强行要求对方改变。妥协看起来是最佳的解决办法，但是事实上，每个人都会觉得自己是被迫的一方。因为我们都心知肚明，这只是单方退让的结果，并没有真正解决问题，不是最佳方案。

被妥协的一方，也许还会变本加厉不停地提要求。重复性的过度要求，更容易引起恼怒、产生不和甚至敌对。

张太太和张先生在朋友眼中一直是“模范夫妻”——男主外，女主内。张先生周一至周六忙着应酬，周日回家陪太太和孩子。张太太把家里料理得十分得体，每月一次的朋友聚会，张先生的朋友总是对张太太赞不绝口："张先生真是有福气啊！这才是女人该有的样子！这才像个家！"张先生呢，也一直以自己一言堂的"高贵"地位而自豪。

张太太在女儿留学后的第二年突然提出离婚，理由是被生活压抑了太多年，想活成自己想要的样子。朋友们都诧异不已，张先生也是痛苦万分。

一直听话的张太太，为什么突然放弃"夫唱妇随，看起来美好"的生活？

张先生一直认为做太太就应该是这样的，"出得厅堂，入得厨房""男人说话女人不要插嘴""男人的事情女人不要管""照顾好小孩就好了"。张先生理念疆域里的这些"应该"，正是太太忍辱负重了多年、不想再接受的事实。

虽然太太不吵不闹不抱怨，但并不代表她在婚姻中是快乐的。

这种现象在近些年的日本十分普遍，结婚几十年，到先生退休，太太决意从家庭主妇的岗位上"退休"。

常年的沟通失效、家庭地位不平等，让这些太太逐渐把婚姻当成一份工作。到孩子长大成人离开家庭，她们便感到是时候为自己而活了，可以离席了。先生可能一直没有留意到，太太是否真心享受和他在一起的生活，生活除了柴米油盐、孩子健康、父母满意还缺少了什么？

阿德勒的个体心理学有提到“水平关系”和“整体论”。在人与人之间的相处中，唯有平衡的关系，才是最长远的。单方面的男人面子有光，女人心里不平衡，或女人过于强势，男人卑躬屈膝，婚姻都无法持久地维持下去。

阿德勒在《个体心理学》中，曾分享过这样一个故事：

“一个男人只有晚上下班回到家时才会哮喘。他 45 岁，已婚，有一份好工作。被问及他的哮喘是如何发生的，他解释道：‘你看，我的妻子是一个追求物质生活的人，而我是一个理想主义者，所以我们经常意见相左。下班回到家我就想放松放松，静静地待在家里，但她想出去活动。久而久之，她总是抱怨不能出门玩个痛快。于是我就会发脾气，开始窒息。’”

这一定不是一个人产生哮喘的真正原因，但真正的原因是什么呢？这个人为什么会窒息？

阿德勒分析道，这个男人小时候的一些身体因素影响了他的呼吸。曾经有个小护士非常疼爱他，总是坐在他身边安慰他，小护士让他形

成了这样的印象：全世界的人都应该逗他玩，安慰他。但是他 4 岁时，这个护士因结婚离开了他。护士走后，他就对母亲说："她走了，以后再没人对我感兴趣了。"

不难看出，他成年以后有和童年时一样的想法——寻找一个理想的人，总是愿意逗他玩，安慰他，只对他一人感兴趣。他真正的问题不在缺乏勇气，而是总想控制一切。所以当他开始窒息的时候，他的妻子就不能再想着出去社交或者去剧院了，他便实现了这一目的。

按照他的理解，"这些都是应该的"。

《亲密关系》一书中提到，在情感关系中，我们只有两条路可以走：

第一条路，是意识无止境地追逐需求，如果有必要就操纵他人，能拿什么就尽量拿，并在其他方法都失败时选择妥协。第二条路，是借由一些方法来了解真正的自己，用沟通来达成让双方都满意的结果，以及永远把自己与伴侣的快乐一并当作优先的选择。

哪条路更有效且长远，一目了然。

Chapter 7
柒

非黑即白，剑拔弩张，你死我活

婚姻内的争吵——权力之争下的输与赢。

心理学教父阿德勒认为：“只有人类才会在因自己的缺点而受苦时反而去挑剔别人，于是，我们会对别人的缺点感兴趣。”

婚姻内争吵的原因很少是因为谁对或谁错，而是整个事件带来的感受是愉悦的还是令人生气的，是被尊重的还是被唾弃的。争论的焦点反而变得次要，成为附属角色。在气氛紧张的时候，人们不会记得应该用得体或有效的方式与对方进行沟通。

来看看这是不是一段司空见惯的婚内对话：

“我都跟你说过了这样行不通，你不听，你看看现在是什么结果？！”

“你就会马后炮，那你帮我一分一毫了吗？”

“你连听都不听，我帮你干吗，我就要看着你摔跟头！”

“真的是受够了！”

在婚姻生活中，最常见的就是意见分歧。一旦出现异议，一开始还想要商量的两个人，瞬即因为语气带来的不悦演变成争吵。有的甚至在毫无预警的状态下直接升级为“战争”。进入“战争”状态，大家都带着愤怒的情绪，开启互相伤害模式。愤怒是一种特别普遍的情绪，我们又往往特别认真或过激地对待愤怒。人在愤怒的状态下，会尖酸刻薄地相互指责，毫不思考地攻击对方的尊严，更多的时候，愤怒还会导致行为升级（例如冷战），让两个人更难了解彼此的真实感受。

以下是我们最常见的婚内吵架循环模式：

妻子：质问 / 抨击 / 埋怨……

丈夫：解读意义，然后辩解……

妻子：曲解，开始争吵……

更大范围的争吵或冷战……

其中一方妥协……

不了了之……

很快地，这一循环模式会再次上演。一切计划好的事情，曾经的耳鬓厮磨，都变成了一场旷日持久、永无休止的煎熬。

“你还真是没完没了了。”

“行了，别说了。”

责备也许能求得一时的效果，但无法解决根本问题，还会夺走对方挑战困难的动力和解决问题的信心。男人失败时，如果女人怨愤不平，不依不饶，男人多数就会变得怒不可遏。犯了错的男人会特别急于捍卫自己，常常摆出一副高度戒备的状态，似乎要和女人激烈地论战一番。对于男人来说，承认自己的错误，无疑就等于承认自己的失败，所以他非但不道歉，反而对女人的循环式抱怨产生抵触和反感。

阿德勒曾说：“一旦不当行为引起瞩目，人们就会重复这种不当行为，指责成了促使对方染上恶习的最佳训练方式。”一味着眼于对方的不当行为，只会招致相反的效果。

如果我们能使用温和的语气谈话，更有助于沟通结果的协调一致；如果我们选择战争和生气，说出来的话就像皮鞭抽打一样，带来情感上的伤害。不当的表达方式，比单纯的意见不合更具伤害性。恶劣的态度、尖刻的言辞、不屑的表情、猜忌的心态，都会伤及对方的自尊心，使本身不严重的事情急剧恶化。

吵架永远无法改变强烈情绪下的对立态度，不论逻辑对错。所有争执都源于双方共同的痛。可惜的是，大多数时间，我们往往宁愿用愤怒掩饰自己，却没有面对痛苦的勇气。

任何一种情感关系中，争吵都是最具破坏性的武器之一。我们越是深爱，越是靠近，越是动辄得咎，遍体鳞伤。为什么我们总是对最亲近的人，说最伤人的话？我们和爱人之间，反而最不能体谅他 / 她的消极情绪，不能客观地去接受。

在婚姻生活里，面对妻子的歇斯底里，丈夫最常用的方法就是冷处理——不说话，显得漠不关心。这对女人来说，反而是更彻底的攻击，犹如一种挑衅。女人很多时候，自己都不知道自己说了什么，不知道已深深伤到对方。在愤怒时面对“冷漠”这个挑衅，她会更不由自主地尖酸刻薄，充满了怀疑和排斥。

避免你死我活的最好办法，就是把争执扼杀在萌芽状态。一旦发现要进入无休止的吵架模式，即刻停下来，各自冷静反思，之后再交谈。不要口不择言急于表达。

我们随时都要提醒自己：“此时此刻，我最想要的是什么？”“如此针锋相对地争吵下去，离我的目标是靠近了还是疏远了？”“我应该如何做，才能达到我的目标？”

缓和语气、注意声调（声调真的很重要）、理解对方，必要的时候可以暂停谈话，稍作冷静。

学会不批判、不指导、不给建议的倾听。

很多时候，我们并没有真的在倾听，而是一边听，一边在用自己的方式方法去解读对方的诉说。在倾听的过程中，请尽量始终保持平和、不去批判的态度，不要因为对方倾诉的内容而沮丧或生气。这等于给你们的婚姻送上了一份完美的礼物。

以色列哲学家马丁·布伯（Martin Buber）对需要放下已有的想法和判断，全神贯注地体会对方的深意做如此描述：“尽管有种种相似之处，生活的每时每刻就像一个刚出生的婴儿，一张新的面孔，我们从未见过，也不可能再次见到。我们无法停留在过去，也无法预见我们的未来。我们需要不带成见地感受变化。我们需要全身心地去倾听。”

当你想逃避痛苦，证明自己在某件事上是对的，对方是错的，死咬着不放的时候，你需要考虑到，这样的逃避方式会带来一场持久战。当接受他人痛苦的信息时，我们常常给予建议、安慰或表达我们的态度和感受。试想当一个人想要别人了解他/她的处境时，听到的却是安慰和建议，那么他很可能感觉并不舒服。

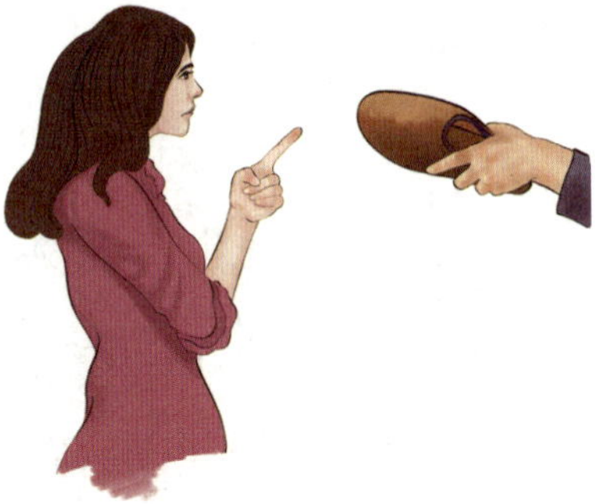

以下是一些常见的例子，哪些行为会妨碍我们体会他人的处境？

建议：“你就不应该这样，你应该……”

比较：“这算不了什么。你听听我的经历……”

教唆：“我跟你说，如果你这样……你将会……”

安慰：“这不是你的错，你已经尽力了。”

回忆：“这反倒让我想起……”

否定：“高兴一点儿，没什么可难过的。”

同情：“唉，真可怜！”

这些表达并不能让对方感到被倾听。怎么判断对方的感受是否已经充分表达了呢？

- 在伴侣说话的时候，即便他/她带着强烈的情绪，你有没有看着对方的眼睛？
- 你有没有把手机放到一边？

- 你们之间的距离，是让彼此舒服的距离吗?
- 你真的在听吗，还是假装在听?

如果一个人觉得别人已经完全明白他 / 她的意思了，他 / 她就会变得放松起来。这时，我们能感受到这种轻松感。另一个更为明显的表象是，他 / 她结束了倾诉。

聆听有 5 个层次：

- 忽略。
- 假装在听。
- 选择性。
- 全神贯注在听。
- 感同身受 / 抱持同理心地聆听。

看看平常沟通的时候，你是在哪一个层面。

神经语言程序学中介绍过高效倾听的 5 个步骤：

- 不评判。
- 充满好奇。
- 全神贯注地倾听。
- 注意说话者的非语言表达。
- 站在说话者的立场倾听。

同时，我们还需要给一些反射性的倾听以语言反馈：

- 我理解你说的话（表示理解）。
- 我明白你的观点（不是妥协与认同，但是表示尊重和听到）。
- 我大概明白……
- 我理解你的意思是（看看我们理解的，到底是不是对方想让我们知道的）。

还有个很有趣的小方法就是，如果其中一方不能及时冷静下来，仍处于歇斯底里的状态，另外一方可以把自己调整成“录音机”模式。

什么是“录音机”模式？

录音机会做什么？

录音机会一字一句地录下声音。如果我们告诉自己，目的是一字不差地在脑子里“录”下对方的话，然后再一字不差地重复出来，看看效果如何。在一些生活练习中，有些人甚至因为过于集中地记录对方说的话而完全摒弃了自己撮火的情绪；而大部分情形是，当聆听者能完整地或部分完整地叙述听到的内容时，情绪激动的一方也会觉得自己被接纳、被尊重，从而缓解冲突发生时产生的不满情绪。

至少在这个模式中，我们能做到“全神贯注地在听”。

神奇的语言沟通方法，还有问问题：

- 发生了什么？

- 你可以多说一点儿吗?
- 是什么让你有这样的想法?
- 你的反应是什么?
- 你感觉如何?
- 有什么是我们可以去做的吗(这个问题暗藏着解决问题的主动性)?

记住，不要问缘由:“为什么你要这样对我?”“为什么你会有这样的感受?”

“为什么”是一个让人很有压力的词汇，还记得我们在小时候被问及“为什么”的时候吗?想到这个词就带着莫名的被质问感。

对方在回答你时，不用怎么思考，很多时候就会得出答案。

你的回答呢?同样是给选择:1，2，3，4(不一定是找答案，而是扩大可能性)。

有什么有可能优先解决的?

有什么是能够解决的?

有什么是应该做的?

对于幸福婚姻来说，对错并没有那么重要，事实也不是最重要的。

接受对方的缺点和优点，并找到有效的沟通方式解决问题，这才是最重要的。

Chapter 8 捌

谁需要改变

“改变是个过程，而非终点。”

——琳·洛特

有很大一批人是带着改变对方的念头进入婚姻殿堂的。

“她不喜欢安静，我会慢慢创造安静的空间给她，让她感受到祥和的气氛是多美好！”

“他果断自负，我会拉着他去上各种修行课程，改善他的臭脾气！”

“她不喜欢野外，我会带着她逐渐适应，让她爱上大自然！”

我们深知，对方不一定是完美的，但是，我们有强烈的意愿去打造他/她成为“完美的另一半”！

随着一些没有扭转的局面，我们曾经认为可爱的事实逐渐改变：以前他对家里的事情还挺上心的，现在基本不管不问；她曾经也算是热爱生活的啊，现在怎么就知道抱着 iPad 煲剧。进入婚姻后，在恋爱时段我们不算太介意的生活恶习也出来了：乱丢袜子，不倒烟灰缸，头发掉一水池，水池里泡了隔夜的脏碗……

这时候我们唯一能做的，似乎只有：

用蛮横的态度去恐吓伴侣改变生活习惯、说话方式、为人处世的风格、时尚品位；

通过倾诉烦恼来控制对方的行为；

默不作声，置之不理；

彼此放弃，各自另起炉灶。

许多妻子都会好心好意地想帮助伴侣改掉缺点——“我是为了让你变得更好！”却在不知不觉中，削弱了男人的力量，伤害了他的自尊。任何企图重塑男人的行为，实际上都是在剥夺他应有的享受被信任、被接纳、被欣赏、被崇拜、被认可及被鼓励的权利。男人最基本的感情需求如果得不到满足，就会逐渐失去对情感关系的眷恋。

在婚姻关系中，我们唯有放下掌控欲，改变自己，才能看到更宽广的世界。我们可以决定自己看待事物的角度，决定自己持有何种观念，未必要去强行改变对方。

小时候，我们会把自己想象得无限大。比如，让一个5岁的孩子画画，房子、人、车、狗，他也许会把这些事物画成同样大小，在自我认知的成长过程中，我们慢慢学会寻找自己的位置。婚姻，也是一样。这是一个冗长的认知过程，我们寻找自己的位置，调整位置。当问题出现时，先改变自己。

记得在上婚姻长乐讲师课程（KJR）的时候，我向导师简·尼尔森提出了问题："我们惯有的思路就是'一个巴掌拍不响'，一个人的改变怎么可能推动整个关系的改变呢？"

简·尼尔森博士给我们举了个例子：

一个女人去见离婚律师，说老公劈腿。女人怀着极大的愤怒对律师说："你去帮我想办法，我要和他离婚，我要狠狠地伤害他，让他一无是处，一无所有！"律师说："好的。那么从今天开始的3个月内，你就做个前所未有的好太太，能对他多好就多好，能有多爱他就多爱他。"女人不解："这怎么可能？！我为什么要去对他好？我要的是和他离婚！"律师说："对啊，你不是要以最狠的方式伤害他吗？最狠的伤害就是你给他许许多多的爱，然后拿走这份爱。"女人点点头，答应了，然后离开办公室。

大概 4—5 个月后，律师在面包店遇见了这个客户。他走过去打招呼，并问起她：“你不是要离婚吗，怎么又不离婚了？”女人一脸笑容地说：“自从我改变了自己，他就是世界上最好的丈夫了。我又怎么可能离开那么好的丈夫呢？”

“仅仅靠着改变自己，我们就可以扭转生活的局面和周遭人们看事物的态度。”

——鲁道夫·德雷克斯

没有一个人需要对你的快乐负责

电影《别担心，他不会走远的》(*Don't worry, he won't get far on foot*)里，酗酒多年的男主人公，在参加戒酒工作坊的时候这样介绍自己：“我妈妈是个红头发的女人，她抛弃了我。我因为酗酒，出了车祸，成了残疾，这一切都是因为她抛弃我。”周围人对他这番话嗤之以鼻。他勃然大怒，吼道：“你们知道作为一个残疾人的痛苦吗？！你们知道被抛弃的感受吗？”坐在旁边的一个女人很平和地说：“我有先天性的残疾，同时患有癌症，我也曾是一个怨天怨地的人。但直到现在我终于明白，这都不是我不快乐的原因。是自己看不起自己，是自卑使我觉得所有人都在亏欠我。”

你的快乐是你选择的。我经常会听到这样的投诉：

“是他令我不快乐！”

“她没有让我感受到做丈夫的尊严！”

“我老公已经把我逼疯了！”

“作为妻子她就应该照顾好一切！”

是你选择了这份不快乐。

也是你选择了做一个没有尊严的丈夫。

更是你选择了给对方逼疯你的权利。

没有任何一个妻子是“应该”做的，每个人在家庭中都有不同的分工。

婚姻不是 50+50=100，而是每个人都是 100，也需要 100% 地全情付出。

从自己做起，这是所有获得成功和有效解决问题的唯一基础。面对婚姻内的种种挑战，只有一个问题能够将挑战引向建设性解决方法：“在这段关系中，我可以做什么？”

没有人应该满足我们的需求，没有人必须让我们快乐，更没有人该为我们所受的伤负责。

想法改变之前，先了解对方的深层行为。很多时候，我们希望去改善这些关系，却不愿意花时间去了解对方的深层要求。比如，了解一件事情的原委，以及伴侣的处境。

如果不改变一下我们的生活态度——对自己的信念、行事方式，我们无法从深层改善自己的情绪。只有我们适当地去处理冲突，才能更稳步地向前。

我们对事情的态度，决定了所谓“事实”在我们面前到底是什么。同样，我们如何去沟通、去处理，决定了事情发展的方向和结果。神经语言程序学中有个小程序叫作“对方的反应就是自己沟通的结果”。意思就是说，当对方没有出现自己预期的反应时，说明自己的沟通方式有待改进。

归咎错误给对方，当然是最简单的，但它并不能够顺利地帮助你解决问题。一切在于你自己是如何想的，你想要得到什么样的结果。

Chapter 9

玖

婚姻这场硬仗，需要具备抱持全场的能力

“每个人，都会伤害他爱的人。”

——奥斯卡·王尔德（Oscar Wilde）

在健康良性的婚姻关系中，我们需要：

- **尊重对方，尊重自己**

在工作环境中，我们十分尊重自己的顾客和领导。比如他有东西遗忘在你那里，你会及时提醒：“你忘记了笔记本！我先帮你保管好，然后再给你送去！”但是在婚姻中，当伴侣忘记东西在你的车上，你的反应很可能是：“你怎么回事？做事带点儿脑子行吗？我都跟你说了多少次了，弄得我还得翘班给你送一趟！”

我们经常把搞砸的事情本身嫁接到人身攻击上，对最亲密的人无法做到尊重。

无论面临的矛盾冲突是什么，双方的第一个决定——尽管是无意识的，却很明确是将这件事当作理由相互伤害，还是真诚地尝试解决问题。

- 共同归属的感觉，有安全感，信任对方

很多年前，在我还是学生的时候，一个年长的好朋友结婚。当时我很不解，我问他："是什么原因使你想结婚呢？"他当时的回答，我至今记忆犹新："就是你遇到一个人之后，你会知道，即便哪天全世界都背叛你，但她不会。同样，你也会如此对她，无条件地付出和信任。"我想，这就是婚姻中最需要的信任和归属感吧！

- 做真实的自己，并且欣赏彼此真正的样子

很多人都因为爱伴侣，而勉强自己去"成为对方想要的样子"。把话压在心里不敢说出来，自己的喜好疏于表露。让他/她看到你真实的样子，彼此接纳欣赏，才能更长久地走下去。

- 在一起的时候——快乐

没有什么比和自己爱的人一起生活，更能充满欢声笑语的了。

- 拥有属于自己的时间和空间

不必在任何时候都做"连体婴儿"，你们可以有单独和朋友相处

或者完成自己兴趣爱好的时间。想念和惦记也是一种感情升温的方式呢！

- 合作

婚姻的破裂通常是由于伴侣间没能不遗余力地合作。婚姻就像一碗水，如果两只手捧着碗，会平稳得多。单纯依靠任何一方努力，都不是长久之计。

很多妻子都惯于提出诸多要求和表达失望情绪，期望她们的伴侣找到解决方法。相比之下，当意识到丈夫在母亲和爱妻之间存在矛盾左右为难时，聪明的女人不论自己的抱怨多么有情有理，她都会先站在丈夫的立场上帮助他，而不是用抱怨来让他不安。

只要她试着从丈夫的角度考虑，鼓励他、支持他、帮助他克服面临的冲突，就没有什么能破坏他们的和谐。

记得张宏武老师在课堂上曾经举过“天鹅”的例子，她说：“别看天鹅在水上浮游翩翩的样子如此婀娜优雅，其实水底下的小腿也是在使劲倒腾呢。”没错，哪一份如此美好的生活，不需要经营与努力？哪一份不堪的场面，不需要定力呢？

一抹微笑、一句表达关心的话语、深情的一吻、表示真情挚爱的语言，都可以创造奇迹。

- 彼此成长

横向看待婚姻关系，而不是纵向。别指责丈夫是没长大的“儿子”，也别埋怨妻子是太阳棚里的“乖乖女”，这只会给你们的婚姻伴侣贴上不属于他/她的标签，无益于你们关系的改善。既然是夫妻，无论在哪个年龄结合，都可以携手共同成长。

- 有共同的兴趣

有共同的兴趣爱好，绝对是婚姻关系的加分项。两个人能够花更多的时间在共同的爱好上，一起分享、共同商讨，甚至拌嘴，都是生活中七彩的快乐。

- 互相鼓励

生活中难免出现磕碰和摩擦，先别着急把责任重大的话题搬出来。多鼓励：“你可以的！”“我相信你！”“我看到你的努力了！”“我感受到你的付出了！”让对方看到自己在婚姻关系里的价值。

- 真正地沟通

很多夫妻之间，只有沟壑，却没有通道。真正的沟通，不是单项的，不只有一个人倾诉，另外一个走神无动于衷。要像打网球一样，一来一往，我们应放下高傲，放下成见，放下时时想评判的态度。

- 分享并倾听彼此的感受

再次强调的是，当你倾听时，需要把自己的评判关掉，假装自己如同一个录音机一样，对方说什么，你就想方设法把重点内容记住，同时重复一些对方的话。他/她会觉得被尊重、被聆听。你这样做之后，也会神奇地发现，自己的情绪起伏开始缓和起来。

- 接纳差异

无论是观点还是生活习惯上的迥异，我们不一定要去妥协或者迁就。但是需要接纳迥异的存在，并表示尊重。

“我听到”不代表“我认同”。

“我明白”也不代表“我同意”。

只是这样的表达能够让对方充分地感受到尊重。在婚姻里，这很重要。

- **擅长看到缺点中的优势部分，将其发展**

你是否听过这样一个理论：一个人在某一方面有缺陷，会在另一方面比常人更突出。心理学家阿德勒曾拿古斯塔夫·夫莱塔格（Gustav Freitag）做过一个很好的例子，正因为古斯塔夫视力不好而且散光，他更加注意训练自己的想象力，因为他想成为一个好作家，他会比常人看到更多现实中美好的事物。

比如很多饕餮之人，其实都有消化功能紊乱的问题。因为在他们成长的过程中，有个爱操心的母亲，总去叮咛他什么可以吃什么不能吃。于是在他们的潜意识里努力克服自己的肠胃问题，变得对三餐感兴趣，对食物的执着，甚至让他们变成了好的厨师或餐饮专家。

婚姻中也是一样，出生于破裂家庭的孩子，婚姻就一定会不幸福吗？小时候有过童年创伤的人，就一定不可修复吗？我们一定会延续原生家庭的错误模式吗？

在婚姻课堂中，有同学曾分享过，父母离异，整个童年充满了争吵的经历，反而让她更能体会爱的来之不易和可贵。在自己的婚姻中，她更懂得自检，很敏感地觉察生活中的问题，并及时修补。因为她从很小的时候就告诉自己，长大以后，一定不要把日子过成父母那般模样。

- 用餐的时候，请远离你的手机

在很多场合和讲座中，我不止一次地提到过，手机这个高科技产品偷走了我们很多时间和亲密感。在外用餐时，你一定见过这样的场景：一对一起用餐的夫妻或情侣，面对面坐着，每个人都举着手机划来划去，眼睛停留在手机上，没有沟通，没有对白，没有眼神的交流。

科技在我们的生活中渗透得越来越深，很多习惯和规矩逐渐被打破。有时候你会发现，和伴侣正聊得如火如荼，转眼间两个人又各自玩起了手机。大家还会解释，“我就看一眼”或“稍等，我回复一下信息”。其实，大家分别看了很多眼，都是不得不刷的朋友圈和没啥营养的群聊，回复着一些并不是生死攸关的信息。如果你真的特别需要在特殊时刻处理一个电话或者回复一个信息，请提前告知伴侣，并以最快的速度解决之后，放下手机。

我的神经语言程序学导师黄重生（Talis Wong）还曾开玩笑说：“这哪里是两个人在吃饭，是一群人在吃饭。大家都在和手机里的人吃饭。”

用餐时间是一个很特别的场域，我们的味蕾、嗅觉得到满足的同时，还是非常好的沟通时间。用餐时候的话题，不一定要解决一件迫在眉睫的事情，哪怕就是听听对方说说自己最近的喜好、经历、身体变化，都是十分有益的。

这就是为什么一开始谈恋爱的时候，除了看电影，一个重要环节就是我们需要“一起吃个饭”。在用餐的时候，请你放下日理万机的工作和焦虑，放下手机。无论是在家还是在外，好好地聆听或倾诉，看着对方的眼睛，认真地一起吃饭。

- 闭上嘴巴

很多时候，我们都会有些情绪无法控制。我们又很容易如此画等号，“因为我爱你才向你发脾气”“因为我爱你才会一直哭闹”。

“冲动是魔鬼”，此话不假。情绪是具备功能的，在运用得不妥当的时候，它就是一个魔鬼，将你所处的这段关系引至深渊。

当你在经历沮丧、绝望、焦虑等情绪时，想去诋毁、去伤害、去骂街……请及时闭上嘴巴。有些话只允许飘过脑海，不要让这些尖酸刻薄的话毁掉你的生活。

不妨给自己做个小练习：

如果我在某个情境下感到（　　）（括号内填写当下的情绪），事情的后果是什么？

我在感受到这种情绪后，说出了恶言恶语，事情又会怎么发展？

感受到这种情绪后，如果不说出伤害人的话，事情又会如何发展？

如果在同样的情境下，我选择（　　）（另外一种情绪），事情的后果又是什么？

停下来，想一想。

比如，某天晚上临睡前你突然发现没有牛奶了。这时候丈夫正瘫在沙发上，专心致志地看着电视。你让他去超市买牛奶，他眼皮都没有抬地回答：“我正看电视呢，你去不行吗？”你忙碌了一天，他回家吃完晚饭也没有帮忙做半点儿家务，你已经感到精疲力竭了，请求帮助又遭到拒绝，你很想说："家里没牛奶了。孩子明早喝什么？我一天从早上开始连坐会儿的时间都没有，我是你们的保姆吗？我是可以自己去，但就这么一点儿忙你都不能帮吗？我要你来干吗？"——你的受挫情绪，可以让你轻易地飙出这些话语，并一直拓展到生活中其他你不满意的事情。

但想一想，这样做事情的结果是什么？如果你选择另外一种方式，或者另外一种情绪，事情的结果又是什么？

当然，生活中有些时候，你的建议未必是有效且中听的。不要总想着为对方指点迷津，不妨咬紧牙关，三缄其口。你的温存和耐心，会让他/她更加依恋及信赖，让他/她愿意在冲突稍稍平复一些的时候再去和你分享一切。

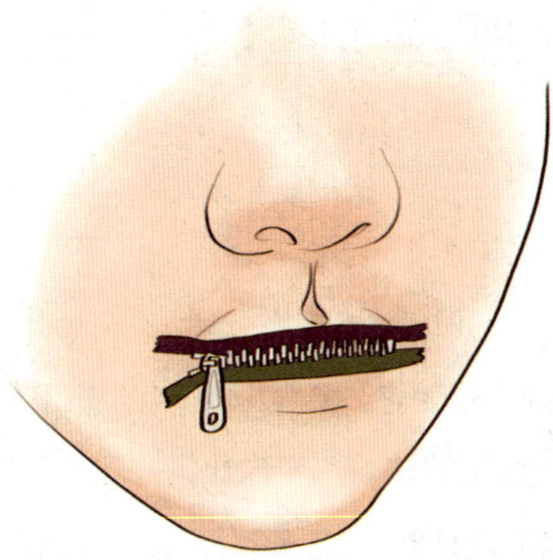

- 尝试些新鲜的事情

对于没有大块时间相聚或者没有共同爱好的伴侣来说，哪怕一起看一个新电影，或者试吃一家新开的餐厅都可以。

- 守候在原地

我们经常听到如此之对白：

“你怎么了？发生什么事了？”

“没什么。”

“可你一进门就黑着脸，到底怎么了？”

“真的没什么。你让我自己待会儿行吗？”

“你看，我就说吧，到底发生了什么？你为什么不能和我沟通？你拿我当什么了？”

接踵而至的，是争吵与失控。我们自己和爱人都可能如雷般咆哮出一些让自己都后悔的激烈言辞，好像消防车的喷枪，一下子把伴侣淋得呆若木鸡。

每个人的情绪都是有意义的，他可能只是不知道这些情绪的意义。每个人都有情绪低落且需要自行消化的时候，这时伴侣所能给到的最大的支持，就是在他 / 她需要的时候，守候在原地。我们只需要告诉他 / 她："如果你需要找人聊聊，我很愿意听你的想法和感受。我一直都在那里。"

"陪伴是最长情的告白。"没错，也是最常青的。

Chapter 10

拾

从我会尝试到我去做

在婚姻鼓励咨询师的课堂中，有个志愿者和大家分享了自己的个案，导师琳·洛特在帮她梳理完情绪的毛球之后，志愿者最终找到了途径和答案，她说："嗯，我会去尝试的。"琳马上纠正了她的话："不，不是会去尝试，是我要去做。"

这位同学在课下还主动找我单独聊过，因为在分享中她发现，我与她先生的性格和表达方式有类似之处。她很坦白地表示，想多了解一些我的想法，从而找到和先生更好的相处模式。我说了一些感受和看法，她当时一脸疑云，眉头紧锁。但我感受到了她的聆听与耐心。

时隔半年，我又见到了这个女孩子。她的样子比半年前阳光了许多，涂着玫瑰红色的口红，时不时还会笑得前仰后合的。我十分好奇这半年发生了什么，她又是如何改变的？于是主动找她询问。她对我说，在上婚姻鼓励咨询师课程的时候，她和先生正处于冷战阶段，关系非常僵化。这半年她尝试了许多方法与先生进行沟通，并一直记得导师的那句话："不要去尝试，是去做。"她真的以自己为出发点，在审视问题的同时，还寻找了许多让自己变得快乐的方式。现在和先生竟然恢复到了以前谈恋爱时的状态，会煲电话粥，会嘘寒问暖，虽然偶尔也有矛盾，时而也有争吵，但两人都朝着共同的解决问题的方向，不言放弃。

说罢，她脸上又洋溢出幸福的笑容。

我们都渴望拥有能够聆听和理解自己的生命伴侣，在他/她面前，无须矫饰和隐藏自己，他/她能包容我们的缺点，安抚脆弱的灵魂。我们可以完全地信赖他/她，一起跟对方分享种种感受。对于我们的困境与难题，他/她不会加以批评、责备和嘲笑。在我们无拘无束地倾诉心声时，如若能感受到伴侣给予的绵绵爱意，会更容易排解怨恨、愤怒、恐惧等消极情绪，摆脱负面情绪带来的影响。

那么，如何做才能达到自己渴望的状态？抱怨、吵闹、冷战、要求，都不会让我们靠近自己的所需。去尝试，也不够果决。

任何产生困扰的问题，都是要求互相鼓励和互相协助共同完成的任务，夫妻双方认识到这一点，对婚姻幸福来说至关重要。

在职场里，很多时候我们设定的目标需要具体、可衡量、可实现、实际和有确定的时间节点。而在生活中呢？如果说“我想要一个幸福的婚姻，我想要一个能沟通的伴侣”这个目标过于笼统抽象。不妨参考神经语言程序学“清晰结果的目标”中的框架：

- 正面的。（健康的婚姻关系。）
- 自己可为的部分。（在这个目标里，我可以做什么？）
- 大小。（你有多想达成这个目标？）
- 整体平衡。（这一点至关重要，在你的付出与努力中，是不是可以平衡整体的？例如：改善家庭经济状况却会缺席很多家庭聚会，这时候你要考虑哪一项对你当下是最重要的？你的改变将会如何影响他人？这会和他们的价值观相冲突吗？他们会如何反应？在这个过程中你会失去什么？这样做是否值得？）
- 资源。（我拥有什么样的资源和方法，可以达成我的目标。）

在确定具象、可行且深思熟虑的目标后，大胆行动吧！

Chapter 11

拾壹

我们是不是走到头了？

不要怀疑婚姻。

现实生活里的婚姻，也可以像电影作品中那般天荒地老、海枯石烂。任何一份感情都会褪色，也都会进入瓶颈期。

生活中有很多事与愿违，随着时光的流逝，爱情耀眼的光圈开始变得污浊，柴米油盐这些琐事慢慢成为婚姻的主体。很多婚龄较长的夫妻表示，孩子作为家庭新成员，最好能在双方都做好心理准备的时候到来。当然，对于上天赐予的礼物，人们会感到欣喜，但是心理建设和经济准备，也是和谐婚姻持续的前提。

经验表明，经济压力、社会压力和突如其来的不幸会使夫妻靠得更近。经济、工作压力或社会不认可这些因素，往往不是干扰婚姻最深层的缘由。最深层的，多数是两人共同合作的意愿不足。当我们将隐藏的冲突和夫妻之间的怨恨暴露出来，深入挖掘这些行为背后的目的及缘由时，就会看到原来是夫妻双方归属感不足，他们并不愿意同舟共济。

鲁道夫·德雷克斯说:“只有人类才会因自己的缺点而受苦时反而去挑剔别人,于是,我们变得对别人的缺点感兴趣。”

在冲突一次次发生,问题始终得不到解决时,我们逐渐把对方的需求抛诸脑后,不愿意再花时间和精力去理解、尊重别人。我们除了满腹怨言、恶言相向,在感情恶化以后,都抱着希望去结束这段婚姻。

我的导师张婷婷在课堂中说过一句话,我一直印象很深。当她的婚姻触礁时,有个朋友曾经对她说:“如果你不会游泳,换个游泳池有什么用呢?”

离婚确实是解决矛盾的一个方式,但需要承认的是,每个人都在制造冲突中起了一些作用。如果觉察不到最根源的问题同样出自自己,矛盾将始终得不到解决。

不是有句话曾说,就算再坚牢、再幸福的婚姻,彼此都会有一万次想掐死对方的时刻。

只有竭力地触底,才能反弹。

当强烈的无力感压得人喘不过气时,几乎所有的人都会把放弃当作一个聪明甚至救命的抉择。双方在任何一种情感关系中感到气馁的同时,都会产生很强的失败感。在失败感中,你可能会一下子否定爱、不愿意去接纳、感到愤怒。甚至在没有矛盾冲突的阶段，也没有主动去交谈的兴趣和新鲜感，觉得对方不再能够触及自己的心灵深处。

这时候，你心里也许会浮出一个声音，对你说着连你自己都不敢去面对的想法——到尽头了。

这并不是一件坏事。

《亲密关系》一书中指出，因为失败和无力感而想要放弃的这种感觉，是一个清楚的指标，表明内省过程已经开始。这同样也是鼓励咨询课程中，琳·洛特一直强调的——觉察。

来看看这些是不是你曾体会过的感受：

- 感受

难以捉摸的倦怠感

无聊

失去重心

困惑

迷茫

焦虑

感到自己不重要，没有价值

觉得自己像个保姆

被排斥或排斥对方

过度忙碌，只要见不到或者双方忙碌就好

冷漠

- 身体反应

生理、心理的疲惫

生病

对某件没有价值的事情上瘾（手机、游戏、赌博、自慰等）

性生活不协调（功能障碍、没有兴趣）

- 婚外恋或卷入复杂的男女关系

想离婚

轻生

你是否觉得，目前的这段婚姻已经没有必要再继续下去了？你们不再爱对方，且你们在一起组建家庭，根本就是一个天大的错误。所以这时候最好的方法就是放弃，因为这段感情里已经没有任何希望。应该离开，去找个真正爱你的人。

在婚姻中不可否认的是，绝大多数人都会有或者曾经有过诸如此类的想法。然后，生活中所经历的诸事并不是我们不快乐的原因，真正的缘由，是因为这些事情发生后我们的想法。

许多女人对自己的未来没有多少信心，并确信自己处在一个毫无希望的困境里，结果是要么完全不努力去建设更好的婚姻，要么去寻求肤浅的、便宜的补偿。

情感关系中，没有一道万能方程式可以解决所有的问题，任何一种相处模式都是独特的。

在婚姻里，没有人是绝对的牺牲者。当一个人选择站在“受害者”和“牺牲一切为了家庭”的位置，会自然而然地感受到不公平和愤恨。为了摆脱这种模式和地位，他 / 她周而复始循环性地反抗，然后倍感心力交瘁。

你有没有问过自己，在你信誓旦旦要结束的这段婚姻中，你想要的是什么？和谐的生活、被疼爱、孩子身体健康、永远相爱……这些都不是具体的目标。具体而清晰的目标，是你到底想要一个什么样的婚姻？

- 这个婚姻里，是否充满了正向的元素？你们彼此之间有没有尊重和鼓励，又会不会给彼此以内心的力量？
- 这个婚姻是不是自己的选择？
- 你想要的婚姻，是否具有整体平衡性的？意思是你的快乐与要求，并不是牺牲在任何人不快乐的基础上；反之亦然。
- 在这个婚姻里，你能主动做些什么？你又做了些什么？这些给你带来了怎样的改变，又给对方带来了什么影响？
- 你所做的，离你想要的婚姻状态，是更靠近了还是更疏远了？

仔细回答这5个问题，再次审视这段你准备结束的婚姻。你要清楚，无论它是否继续下去，两个人在这段关系中都做出过贡献。

记得小时候，我们读的王子与公主的童话故事尾声，总会有那么一句："最后他们结了婚，过上了幸福生活。"仿若结婚就等于幸福生活。现实中并不是这样的，"他们结婚了"只是一个开始，是不是能"幸福地生活下去"，只有靠他们自己。

同样，没有人有义务为你的快乐负责。如果你在这段婚姻中学不会相处和解决问题，那么下一段依然会存在同样的问题。

如果你还是执意决定结束这段婚姻，在结束之前，你可否做 3 件令伴侣快乐的事情？你知道是哪 3 件事情可以让他 / 她快乐吗？

Chapter 12

拾贰

离婚需要理由吗?

离婚已经不再是一件骇人听闻的事情。

民政部官方数据显示，2018 年全国结婚登记人数为 1010.8 万对，离婚登记人数为 380 万对。短短 8 年时间，2010 年离婚 / 结婚占比为 21%，2018 年离婚 / 结婚占比增至 38%。

东北三省离婚人口比例排行前三，其他城市依次为天津（离婚率 62%）、上海（离婚率 49%）、北京（离婚率 48%）。

社会学家惊叹："中国家庭在飞速崩溃，中国婚姻在火速终结。"各类都市婚姻剧十分热门，无论是离婚还是婚内生活，都成为大家关注的热点。

浙江省高级人民法院公布的数据，2018 年，全省所有离婚案件中，排在第一位的原因，不是出轨、不是家暴、不是经济纠纷，而是"生活琐事"。

离婚原因（数据来自网络）：

家庭经济原因占1.49%、出轨占2.51%、缺乏沟通占3.33%、性格差异占5.17%、赌博占6.06%、家庭暴力占8.44%、感情基础薄弱占8.63%、分居占30.16%、生活琐事占34.21%……

据司法大数据研究院给出的数据，2016—2017年，全国法院处理的离婚案中，73.4%是女方提出离婚。而在91.09%的案件中，是一方执意要离婚，另一方表示茫然。

在全国离婚纠纷一审审结案件中，73.4%的案件原告为女性。

在全国离婚纠纷一审审结案件中，夫妻双方只有一方想离婚，另一方不同意离婚的案件占比例为91.09%。

有50%的人在离婚时都抱着希望——也许会遇到新的、更好的姻缘。再次选择伴侣这个任务，并不比努力让自己适应现有婚姻轻松。我们自己才是婚姻幸福与不幸的根源。

日本作家江国香织的《那一年，我们爱得闪闪发亮》一书中，有个非常短的小故事，讲的是一对结婚五年有余的夫妻，妻子突然提出离婚。并着急谈判，丈夫却不停地问她问题："洗衣液还有多少？洗甲水还够吗？化妆棉需要不需要？"丈夫十分了解妻子的个性，她是一个任何细节都必须回答的人。丈夫在妻子回答完之后就出去买了洗甲水、洗衣液和化妆棉。回来的时候妻子发了一顿牢骚，却笑了。文章最后一句话是："丈夫也笑了，窃喜道：'我赢了。'"

这虽是一个平淡的小故事，却十分写实。

在婚姻课堂中，也有同学曾经提问过导师琳·洛特："婚姻生活索然无味，没有激情，开始吵闹，后来连吵架都不吵了，是不是应该离婚？"琳·洛特回答说："人生就像过山车，总会有上有下。"她并没有直接回答同学的问题，而是把问题指向了另外一个疑问："如果离婚了，你索然无味的问题，能够解决吗？"

向内探索的问题，能把我们引向自我觉察之路。

在我后来跟进琳·洛特的采访中，我们也聊到了离婚的话题（详情参见前文的采访稿）。

现在，让我们来看看这个小故事：

A 小姐结婚 6 年有余，近些日子顿感婚姻状态之疲惫。我们见面的大半个小时的谈话中，她一直在说生活的琐事：儿子幼升小、母亲身体弱、老公工作忙、婆媳关系很不好、公公又体弱多病……生活的压力压得她根本透不过来气，想离婚都找不到由头。

我问她："你还记得当年你和你老公为什么会结婚吗？"

她十分嗤之以鼻："这有什么记得不记得的，怀孕后才领证的。爱情这个东西根本没法当饭吃。"

哭诉了40分钟有余，A小姐的心情并没有变得更好，也没有在我的问题中找到答案。于是我决定放下课本中的方法，只是引导她回忆一下过往。

"你还记得你当年爱你老公什么吗？"

她面无表情地说："认识太多年了，当年的事儿根本想不起来了。"

于是我又问："所以当年你是完全不带情感奉子成婚是吗？"

她回答说："那倒不是，我们也是一起工作的同事，谈了一段时间的朋友。后来发现有了孩子，也到了适婚的年纪，就结了。"

当她回答这个问题的时候，脸上的表情完全没有刚才哭诉现状时那般痛苦，于是我继续问："所以你是爱他的对吗？"

"嗯。"A小姐虽然没有直接回答我的问题，但是这个"嗯"代表了认同吧。

这时，我想起在婚姻鼓励咨询课堂里，我曾组织的一个活动叫作"婚姻中你的贡献"，该活动是用来启发参与者在婚姻内发现自己的价值的。显然，A小姐明显地觉得自己在婚姻中是有价值的；但另外一半的价值，她仿佛并没有看到。

于是我反问道："你能不能想到你老公在婚姻中的一些贡献呢？多少都可以。"

她的第一反应是拒绝："没贡献，他就是忙，赚钱也少。"我补充道："很小的事情都可以，比如今天下班从补习班接了儿子回来。"她眼中露出了一丝丝的迟疑："在外面赚钱、养家糊口，还有，有时候回来会做饭，或者去看他爸，对我妈也还可以……"

她一边说我一边记录，好像挤牙膏一样，但陆陆续续地，我竟写下了 27 条之多。我把纸条拿给她，说："你看。"

她一下子愣住了，在她长久以来的感觉中，丈夫是一个毫无付出、一无是处的人。也正是因为这种毫无付出和没价值，她觉得婚姻根本走不下去了。可没想到竟然从自己的嘴巴里，说出了对方那么多优点。

很多时候，让我们感觉不好并不是事情本身，而是我们自以为是的想法，带给我们不好的感受。

鲁道夫・德雷克斯说："人们结婚的真正原因——不管他们主观意识到的原因是什么，都是对联合的深切渴望，而联合是人类的基本需要。"对方有时候不一定真的没有价值，或许是你没有留意到，又或者是你根本不想看到。既然尚未分开，就一定有持续下去的理由。

当然，需要承认的是，生活中同样存在一些不良的夫妻关系。比如一方已经尽了一切努力，弄得自己身心疲惫，另外一方却袖手旁观。

虽然收拾对方放纵后的烂摊子并不是你的职责，但对方的放纵行为却与你息息相关。如果你一直不停地后退牺牲，那么就一定有人一直纵情把你推下悬崖。这些都是你自己选择的。

离婚并不需要特别多的理由，但是决定分开需要看得长远。在没有觉察的情况下，离婚很可能变成一种行为模式，人们想去选择不同的伴侣，甚至再婚，然后重复和以前一样的生活方式。在生活中不乏离婚好几次的人，他们总想着建立新的家庭关系，但他们不过是在重复之前的错误，徘徊于自己的问题中。

Chapter 13

拾叁

假如我们决定离婚

“宁可好好地吊死也不结坏的婚姻。”

——莎士比亚《第十二夜》第一幕第五场

在有些情形下，离婚未尝不是一个更佳的决策。琳·洛特在采访中也曾说道，我们没有必要被一些固定的思维逻辑所束缚。当你觉察到问题，进行接纳、尝试改变之后，依然发现离婚是一个更适合彼此的决定时，那么这很可能就是适合你的决定。

不用固执地认为，和目前的伴侣分开就意味着人生永远失败。如果你不能做适合自己的选择，即便是留下来，持续“应该的”和“被认为是对的”事情，结果两人都沉沦为不快乐的受害者。离婚不是一个事件，它决定在未来的很长一段时间里，你认为别人如何看待你，你又会如何看待自己。离婚是一个深思熟虑后的选择，你们兵分两路，去追逐更适合自己的生活。

或许这场婚姻的基础从来就没有强大到足以应对人生路上的波澜和沟壑，或许曾经建立起的脆弱堡垒已被严重损坏，你们尝尽了诸多方式，彼此互相伤害，又去修补伤害，直到最后一根稻草酿成毁灭性的结果。

有些情感关系必须结束，因为它已经变成一种虐待，使两人都处在停滞不前、不愿解决的状态。这时候，最好且最有效的共识就是："是时候迈向新的纪元，分道扬镳吧！"

面对自己深思熟虑的决定，不用再多申辩，也无须试图去用逻辑讲道理说服他人接受你的现状。接纳自己的选择，不让步。

勇敢面对，是最好的解决方法。无论你采取的措施是什么，需要考虑所有相关人的利益，尤其是有孩子的父母双方。由于家庭是孩子的第一个社区和单位，对他/她来说，家庭代表生活的总体写照，这种印象完全取决于家庭成员如何关系紧密地、真实地描绘家庭以外更大的外部世界。父母的不和及分开并不是孩子造成的，不要在负面情绪中归咎于孩子。孩子只需要知道，这是爸爸妈妈共同的选择，同时，这并不会改变爸爸和妈妈都很爱他/她的事实。

有些夫妻因为两人矛盾激化，会在孩子面前恶言相向，甚至诋毁对方。有的父母甚至把气撒在孩子的头上："就是因为你，才夺去了你爸爸对我的爱！""就是因为你，我才失去了生活、失去了自己！"这是特别忌讳的。父母越是试图把自己的负面信息和意愿强加给孩子，他们成功赢得孩子配合家庭重组的机会就越少。更糟糕的是，不同年纪的孩子，还会有意识或无意识地进行反抗。

离婚是一项必须通过双方合作来解决的共同任务，否则这个程序就容易变得冗长，成为困难和痛苦的根源。

你还需要知道的是，在没有对情况有更直接深刻的见解、没有充分分析更深层的心理问题的能力，没有充分了解婚姻所涉及的所有人员，任何人都没有资格评判这个决定是否明智。他人的建议只是建议，只是在他的认知范围内能给你的最好的信息。最终，这个选择权还是在你自己的手里。

在神经语言程序学课程中，我们了解到一个程序方式叫作：“每个人都在做当下最好的选择。”你的决定就是你在当下这个情况里，对自己能做出的最负责任、最好的选择。

离婚未必是一件坏事，它同样可以是一笔财富，使我们提高识别能力、对自己有所觉察并接纳。

原谅曾经带给我们伤害的伴侣，同时原谅在这个过程中张牙舞爪的自己。认识到曾经的错误，才能学习和成长。即使感情破裂，也不要心怀愤恨或愧疚，这样，你就为之后的美满铺平了道路。对下一段感情会更懂得珍惜与经营。

最好的方式，莫过于带着感激的态度而分手，这是这段关系中最后一次合作。

Chapter 14

拾肆

情绪的毛球

婚恋，是生活的三大重头戏之一，但生活中出现诸多繁杂的问题，又不仅仅来自婚姻。在生活中，我们能感受到各种积极的情绪，比如被爱、温暖、幸福、被相信和充满感恩；同样地，我们也经常会收到负面感受，愤怒、哀愁、恐惧、焦虑、悲伤。

我感觉到 / 我体会到（　　），括号内通常是个形容词。正是这个形容词，给我们带来这样或那样的情绪。琳·洛特将繁杂的情绪，归结为“情绪的毛球”，这比喻极其形象。养猫的人都知道，猫会在舔舐毛发之后，时不时地吐出一个毛球出来。我们无法解释又处理不了的情绪，就像那个毛球一样，噎在喉咙里，不上不下，很难受。

很多时候，社会环境还会给我们带来一种错误的意识，大家认为，越是职场里表现卓越、意志坚定的那个人，越不应该有情绪化的一面，更无须清理情感。其实不然。在事业上承受很大压力的人，更多且更容易受到外界干扰和消极情绪的影响。他 / 她也许更需要彻底地梳理自己的情感。

前几年有一篇文章，说很多男人在回家之前，都会在车里静坐一会儿，安静地抽一根烟。那个时候他是属于自己的，不再是员工、是老板；那个时候他需要沉淀自己一天的情绪，因为上楼之后，他就是爸爸、是丈夫。

这篇文章在当时得到了很多男人的共鸣，也让很多妻子突然意识到，每天晚上推开门进家的那个男人，内心背负着何其沉重的包袱。

当人们产生情绪的毛球，心情有起伏时，他们会感到：

- 受伤
- 生气
- 委屈
- 担心
- 没有吸引力
- 被批评
- 想要离开

- 孤独
- 焦虑

…………

还有很多关于情绪的描述，不一一列举了。而这些感受，是由什么引发的呢？

- 我觉得在婚姻中不重要
- 我觉得伴侣对我十分冷淡
- 我被拒绝
- 我的自尊心受到了伤害
- 我感受不到伴侣的爱

而这些感受，很可能来自：

- 我被养育的方式
- 上一次的情感关系
- 过去我受到的挫折、伤害
- 我对情感的恐惧和不安全感
- 过去别人对待我的方式

面对不愉悦的情绪毛球时，通常会做出什么样的举动：

- 抽离自己的情绪

- 假装什么都没有发生
- 抱怨，责怪对方并要求他们改善
- 祈祷问题会消失
- 用别人的嘴来说自己的话，施压
- 用愤怒来麻痹或掩饰

在系统地捋顺了情绪的毛球之后，你会发现，很多的感觉和情绪，与此刻所经历的事情并不是真正关联的。很可能是你加载在这些事情上的想法，让你的情绪越来越糟糕。

当情绪特别低落时，我们的关注点就会放在平日婚姻关系里竭力隐藏的不满、郁闷，甚至未满足的需求上，它们会一并涌出，变成一种痛楚。

哪怕一丁点事与愿违的过往，混杂在一起，让整个人变得消极沮丧，五味杂陈。在这个阴云密布的阶段，**最需要的就是沟通和被倾听。**

有很多人和我形容过那种情绪低迷期的感受：整个人沉湎于无意识的自我中，不想说话、不想沟通，看什么都觉得不对劲，对什么都没有兴趣。对方的身上，不再带有曾经自己喜爱和钦佩的光环。即便有，也被各种黑暗和散乱的情绪淹没得无法顾及。

心情不好的时候会失眠，严重时甚至能感到紧缩般的心悸。半夜醒来，会觉得自己是孑然一身、茫然无助的。这个时候看到身边安睡的伴侣，会觉得十分陌生。明明知道这是自己的问题，却完全不知道怎么走出来，很无助。

很多妻子都说，最怕也最难接受的，就是她倍感绝望、想表达感受的时候，丈夫告诉她："你不应该这样。你想多了。没事的。"不被重视和拒绝，引来的就是怨恨的情绪。怨恨是一种让现状朝反方向发展的敌对情绪。怨恨不同于抱怨，是因为恐惧和缺乏信心，它会阻碍我们找到令人满意的解决方案。

那么有效解决情绪毛球的方案是什么呢？

疏导，并鼓励对方。你需要让对方看到是他 / 她低估了自己，以此来减少来自潜意识里的自卑感。当伴侣开始紧张、惶恐不安，仿佛马上"奓毛"的时候，我们不妨做一些能给到他 / 她温暖感受的事情，然后再去解释，他 / 她的这种恐惧如何在二人关系中成为绊脚石，并给自己也带来极度的不适。

有效沟通，是最积极的解决方式。

阿德勒曾说："生命总是努力生存，生命力绝对不会放弃挣扎而屈服于外界障碍。"

现在，我们来看这个小故事：

D 太太今天心情很不好，又在生理期的第二天。早上起来天气很冷，8 岁的儿子非要穿短裤上学，争执了许久孩子还是在车里把长裤脱掉了。半路上下起小雨，道路十分拥堵，D 太太上班又迟到了。收到客户邮件抱怨前天的内容不符合标准，要求改动。

赶在儿子下补习班之前回家做饭，D 太太已是筋疲力尽。D 先生进门换鞋以后第一句话就问道："我的车险你帮我交了吗？"听到这句话，D 太太一天的心情，就好像一团乱的毛球一样，委屈、难过、伤心、焦虑一下子吐出："你就知道让我做事！我又不是你的保姆！你从来都不管孩子！你从来都没在乎过我的感受！……"

"从来"这个词，是很多时候我们表达内心沮丧感受的一种夸张方式。但是在被对方解读时，往往会被理解成实际情况。尤其是男人，他们很容易直观地从字面上理解女人说的话，这样就特别容易曲解女人真实的意思，常常跟随着一起被带入情绪的旋涡。

情绪毛球的危险词汇：

从来、从不会、根本、你就是想、我就知道……

神经语言程序学中有个情绪成分叫作"感元"。感元是由个人主观经验决定事物的必要性或可能性。有些感元词汇也是很敏感的，它直接就会带[illegible]一定的情绪。

感元用词—[illegible]

必须：有压力的、[illegible]、着迷的。

不能：无助的、不适当的[illegible]

如：“你不能睡觉，咱俩必须[illegible]了！”

应该：有压迫感的。

如：“你就应该对我好！”

不可能：令人绝望的。

如：“算了吧，别狡辩了，你就不可能做好。”

作为男人，要知道的是，你绝对不能只从字面上解读女人的[illegible]思。用“必须”这个词，只是女人表达当时内心需求的一种强烈渴望。大多数男人在解读时，只会死抠字眼，把它理解成实际情况，并感受到重重压力。

当听到这些敏感词时，我们往往不能客观地对待另一半的情感表达，甚至一味地否定或忽视对方的感受，造成隔阂与纷争。我们会觉得自己付出的爱完全没有得到对方的认同和感激。

只描述事实，不做评价或判断，学会以积极的方式提出心中所想，提升表达的技巧，这是婚姻成功维系所必须具备的能力。如果能坦然面对问题，又有勇气去梳理，这个情绪的毛球很快就会被你织成一张美丽的地毯。

如果我们朝着正确的方向，即朝着勇气与社会兴趣方向不断进步，朝着与别人合作、争相做贡献和解决问题的方向前进，那么，有什么问题是不能解决的呢？

Chapter 15

拾伍

我们犯了一个错误

鲁道夫·德雷克斯曾提出，在“男性至上”社会衰落之后，男性与在同一社会阶层的女性发生性关系，在满足自己性欲的同时，不会像以前一样被要求付出代价——婚姻。他不用承担全部责任，也不用放弃梦寐以求的自由。

永恒的、牢不可破的挚爱和忠诚，虽然在很多文学作品里一直被推崇和强调，但现实中却始终未能普遍实现。

婚内出轨，越来越多地出现在我们的生活里，“劈腿”从一个让大家惊诧、痛苦、挣扎的经历，逐渐成为家常便饭，甚至整个社会熟视无睹的现象。

更为夸张的是，有些婚姻中竟出现两方都出轨，却还依然“相安无事”地一起生活。曾有哲学家说：“女人总体上更倾向于感受真正的价值，而且不会轻易就成为虚构的、危险的谎言的牺牲品。”而现代婚姻中的女人，她们明知道对方出轨却没有选择离开，活活把自己逼成了“戏精”。

沉默，到底是不是最好的答案？

很多人不能理解。明明是最亲密的人，为什么需要演戏？

身边不止一个女人和我提过，要想婚姻过得去，就必须学会装腔作势，也必须懂得难得糊涂。很大一部分人甚至知道另一半出轨，却假装浑然不知。

越来越多的婚外情不仅仅限制于男性，以下是匿名社会调查数据：女性婚外情调查（共33271位已婚女性参与）。

1. 你有过婚外情吗？

是的占84.7%	28181票
没有占15.3%	5090票

2. 什么原因导致你发生婚外情（仅限发生者）？

与丈夫感情不好占12.97%	3948票
性生活得不到满足占28.26%	8601票
就是被婚外那个人所吸引占48.57%	14784票
丈夫先做了对不起我的事占10.2%	3106票

3. 婚外情发生后，你后悔吗（仅限发生者）？

是的，感觉很愧疚占29.02%	8752票
没有，做了就不后悔占70.98%	21402票

4. 你会因为婚外情选择离婚吗（仅限发生者）？

会占 12.52%	3777 票
不会占 87.48%	26397 票

5. 发生婚外情后你会如何做（仅限发生者）？

告诉老公寻求解决方案占 3.52%	1070 票
瞒着所有人占 81.34%	24693 票
找闺密倾诉占 15.14%	4596 票

惊人的数据耐人寻味——到底是什么导致了婚外情？又是什么，让我们不会因此而改变现状？

当婚姻中出现欺骗与背叛，你的反应是什么？

周而复始、歇斯底里地吵闹，还是装作不知道？

出轨，大多是一种透支状态下的现象。当夫妻二人在爱和信赖中越发滥用职权，不断取出，爱与坚守的信用度就越发降低，外力就会从这种裂缝中一拥而入。婚姻生活中的细节就如同在银行储蓄，每次的出击和回应，都是一种积累。

曾经有位女士和我说，她回家之后很想和先生沟通，但是先生表示此刻身体不太舒服，十分疲倦，不想听，明早再聊。先生临睡前，说出了准确的时间——“明早 8 : 30 我们谈。”到了翌日 8 : 30，她很期待能和先生沟通的时候，先生却一副百无聊赖的样子，完全不记得前一晚的约定。她主动要求，先生又再次拒绝，说现在不想听。那一刻她感到十分沮丧，也认为没有和先生沟通的必要了。

你回馈给伴侣的“没时间”“算了吧”“不重要”，会像颗种子在对方心里生根发芽。相反地，当你能积极地回应对方，尝试沟通，选择靠近，就像往银行存钱一样，给未来矛盾发生时储存了缓冲的资本。

当这些琐事让二人状态透支，出轨就有可能发生了。

都说女人的直觉是敏感的，在男性出轨的案例中，高达 80% 的女性是凭“感觉”觉察到了异样。

到确定，从心痛不已再到歇斯底里，直到陷入窘境。当婚姻触礁，人们的情感曲线从愤怒到悲伤，悲伤到恐惧，再到愤恨。一方深陷在被欺骗和受伤的角色中，另一方在尴尬与歉疚中徘徊。

大多数伴侣都会想了解得彻彻底底，每一个细节都要查出来，对事件复盘。手机是这个年代最危险的沟通工具，很多出轨，都是从伴侣突然换密码，手机不离手，莫名其妙地买礼物补偿而察觉的。在有些夸张的案例中，还会派私人侦探跟踪，拍视频，找记录。

当第三者被发现，曾经在婚礼上“呵护和疼爱我一生唯一的挚爱”的诺言被打破，一切信誓旦旦都显得不堪一击。我们以为的，原来并不是我们以为的样子。

对方只是告诉了我们想听到的，却依旧做了他们想去做的。

法国精神分析学家简·大卫·纳索曾说："不说真话是为了维护和他人之间已经建立的关系。人们说谎是因为我们害怕失去爱，害怕失去对方。"

现代生活中的出轨，人们怕失去的，不单单只是伴侣，还有伴侣存在下的构建状态：车子、房子、孩子、存款和家人关系。

还有部分人在发现伴侣有婚外情或婚外性行为之后，会克制自己的感受和爱，不会大吵大闹，反而掩饰分歧，让自己逐渐在掩饰、间接伤害和抽离里失去感觉。心存芥蒂，也不会拿出来讨论，更不愿意找人倾诉。很快，失望和恐惧、怨恨和委屈在阴暗角落里滋生的同时，自己在婚姻中越发找不到方向，也会变得十分多疑。

问题从来不会消失不见，如果它是个问题。我们可以逃避一时，却无法逃避一辈子。

阿德勒曾说："行为的目标是有归属感和价值感的。错误的行为是来自寻找归属感和价值感的错误信念。"那么，在目前看来，触礁的婚姻关系中，发生了什么，让他/她找不到在夫妻关系中的价值？

婚姻中，如若两人有共同解决问题的意愿，他们的关系就会变得越发紧密。反之亦然。

当一个人对爱感到气馁，想要退缩、惩罚或展示他的权利时，就会产生想要其他伴侣、想要多样性爱的倾向。换句话说，当他/她找不到自己在婚姻里的价值，认为不被关注、自己不再重要、不被尊重、不被听到，就十分有可能有出轨的倾向。

不单单是对伴侣，我们有时对自己都没有足够的信心。我们不确定当被拒绝、被冷落、被不公平对待时，自己是否能做到不寻求外力，而内化解决。我们也不确定，当遇到和伴侣态度迥异的人，刚好填补自己内心的孤寂与空虚时，自己是否能抗拒这份吸引，平衡好行动的利弊。

夫妻关系出现问题，背后的原因是什么？

丈夫在家时间少，不负责任，不懂关心；妻子喋喋不休，只会抱怨，不懂感恩……

我们很想知道，再深一层的原因是什么？

家庭经济基础差、两人磨合时间短、兴趣爱好不一致、孩子占用了大部分的时间、独生子女还需要顾及双方的老人……

又或者是社会关系中位置出现问题?

不要浪费时间寻找造成伤害性事件发生的原因，刨根问底地想搞明白到底需要责怪谁，这没有实质性的意义，它并不能改善现状和修补关系。

心理学家卡尔·荣格说：“孤独并不是来自身边无人。感到孤独的真正原因是因为一个人无法与他人交流对其最紧要的感受。”

一些社会调查指出，当男人感到被需要和依赖时，他们就会变得积极上进，力量无穷，有如神助；女人感到自己得到珍视和呵护时，她们就会格外自信，生机勃勃。也正是因为不被需要和没有价值，让他没有动力前行；同样是因为不被尊重和关爱，让她丧失信心。

当问题发生，持续性的怀疑和冷战一定会导致更深一层的敌意，会让原本导致伴侣寻求婚外情的问题继续恶化。当一个人感到沮丧的时候，我们似乎习惯于采用一些令事情变得更糟糕的行为方式，心理学称之为“被动反应式行为”：

- 当你感到气愤或怨恨时，是不是仍然强颜欢笑?
- 你是否曾用愤怒来掩饰内心的恐惧?

- 你感到悲伤、受到伤害时，是不是仍然勉强自己保持笑容，说一些笑话？
- 当你感到内疚和害怕时，是不是下意识地马上把过错推给别人？

忘记在哪本书上看过这样一个故事。有一名身披铠甲的骑士，在田野里策马扬鞭。突然，他听到了一个女人的求救声，他向声音传来的方向飞奔而去，发现有一条凶猛的火龙盘旋在城堡的上空，劫持了美丽的公主。这位骑士拔出了佩剑，将火龙劈成两半，救出了公主，也获得了公主的芳心。

所有人都称赞他的英勇，把他当作旷世英雄，并邀请他住在城堡中。然后，骑士与公主不出意料地相爱了。

一个月后，骑士暂别公主外出。在回城的路途中，他听到了心爱的公主的求救声，另外一条火龙又盘旋在城堡附近。骑士再次拔出他的利剑准备杀掉火龙。

正在他挥剑的时候，公主突然在城堡里大喊："不要用剑！要用绳套！听我的！这个比你的剑管用！"她扔下一根绳套，指手画脚地告诉骑士该如何如何。虽然骑士并不情愿，但他还是听从了公主的话。他把绳套扔向火龙，一下子就套住了火龙的颈部，杀死了火龙。

全城的人们都出来欢呼，但是骑士却很不开心。他觉得自己什么都没有做，因为是公主告诉他要用她的绳套，并且指点他该如何去做。他觉得大家不应该视他为英雄，他非常沮丧。

又过了一个月，骑士再度远游。公主看到他只拿了宝剑，就提醒他一定要带上自己亲自为他准备的绳套。回城的路上，火龙又来了，他像往常一样奋勇直前地去营救公主。这时候他突然变得很犹豫：“到底应该用宝剑呢，还是用绳套，哪一种更好呢？”在他犹豫不决的时候，火龙喷出很长一道火焰，烧伤了他的右臂。他感到惊慌失措，曾经的英勇消失殆尽。这时候，公主在窗边对着他大喊："用毒药！这种火龙绳索不管用！"

她扔给骑士一瓶毒药，于是，骑士把毒药灌进火龙口中，很快就毒死了火龙。全城的人再次欢呼，骑士越发不开心。

一个月以后，骑士决定再次出远门。公主看到他只拿了宝剑，又特意嘱咐他带上绳套和毒药。这次，公主提醒他的时候，骑士觉得很烦躁，但依然带上了这两样东西。

在外远行的时候，骑士听到了一个女人的求救声。他赶忙跑去营救。当拔出宝剑的那一刻，他突然又犹豫了："我是应该用剑还是绳套，抑或是该用公主给我的毒药？公主知道了又会怎么想呢？"

他开始变得很沮丧，很无助。但是一念间他突然想到，在没有遇到公主之前，他是一名只拥有一把宝剑的英勇骑士，宝剑被他擦拭得锃亮。他鼓起了极大的勇气，一下子扔掉了绳套和毒药，拔出利剑深深刺向火龙的喉咙。火龙被杀掉了，整个城市欢呼起来。

就这样，骑士再也没有回到公主的身边，他留在了小镇，快乐地生活着。那个被救下来的姑娘从来就不会告诉他该用什么不该用什么，他则永远都是她爱慕崇拜的骑士。

这是一个引人深思的故事，也很适合婚姻出现第三者的家庭。第三者，从来都不是两人关系破裂的真正原因。外遇多数并不是关于性，而是当事人在寻求友谊、支持、理解、尊重和关心。这些本是婚姻中需要具备的。第三者只是个引爆点，并非一段婚姻死去的真正原因。

很多时候我们在爱里掺杂了过多的干涉和指导，你应该这样，你应该那样……让对方觉得在关系中被扼杀了自信，找不到自己的价值，他就会不由自主地远离。在婚姻里，妻子的态度拥有十分神奇的魔力，它既可以使男人斗志昂扬，也可以令他转身离去。

现在再看回来：

- 目前，你婚姻关系里面临的挑战是什么？
- 你想得到什么？
- 他想要的又是什么？
- 在得到的过程中，你们彼此尊重了吗？在一起的时候彼此有适度的自由吗？有无互相理解对方？有无情感上的联结？

让我们来看几个故事：

故事一

唐先生，37 岁，育有一女，保险公司从业人员，结婚 7 年零 6 个月。上有老下有小，在社会关系中迷失方向。工作调动、领导频繁更换，让他找不到自己的归属感及方向。情绪不稳定，失落，倍感步入中年的压力。出现婚外情，他说，那个女孩子给他的，是一个不一样的世界——被尊重、被疼爱。

当被问及他与妻子的关系时，他第一句话就是："她只知道要钱。"

故事二

一对看似近乎"完美"的夫妇——郎才女貌。丈夫有钱有权有势，妻子很漂亮，一儿一女，两人都有很好的工作。丈夫对妻子百依百顺，对老人孝顺，疼爱子女。唯一不能解决的问题，就是无法在婚姻内保持忠诚，频频出轨。

不难看出，故事一里的丈夫是无法在婚姻里找到自己的价值感及被认同。故事二呢？

阿德勒曾提出，那些过于强调性欲、讨论多配偶制、性开放或试婚的人，其实是在逃避对性行为问题的社会性解决办法。他们不能通过夫妻双方的合作找到解决社会适应上存在的问题，并幻想着用某些方法逃避这一切。

回到最开始的原则，在婚姻中，两人共同合作的意愿是走出一切窘境的密钥。

忽视或过分焦虑都会使出现了第三者的关系加速恶化。聪明、有理解力，并且着重于解决方式的伴侣，会找到许多微妙的方法，将想要冒险的伴侣吸引回来，而不是压抑他想要的自由和独立。

有关错误行为，着重点并不是错误的本身或是其产生的缘由，更重要的是，这个错误带给我们的影响是什么？我们的决定又是什么？

- 是不是不接受？
- 是不是想要躲避，甚至报复惩罚？
- 是不是想要掩盖、谩骂？

人非圣贤，孰能无过？在成长过程中，我们并没有受过专业情感引导，却听过太多身边不成功的情感范例。对于很多人来说，恋爱、结婚、生子，困难的程度不亚于没有经过专业训练就去开一架喷气式飞机。也许一开始能侥幸起飞，却未必逃得过不幸坠落的命运。

经营婚姻，是我们一生的功课。

解决心碎的最好方式就是——承认错误，避免伤害。

任何一种模式的歇斯底里和置之不理都没有太大意义。如果决定继续这份感情，那么最需要做的，就是处理心碎。发生过的创伤如果没有及时处理使之愈合，会产生很多负面的影响，在日后漫长的岁月里，这件事情会像定时炸弹一样不时地炸一下，再次伤及双方。一次又一次重新经历旧痛，只会将关系不停地撕裂，最终难以修复。

如果我们用健康的方式把伤口处理好，用了解且悲悯的心去疗伤，改正由伤痛衍生出的许多自我局限的错误概念，心情、态度、信念也会随之改变。

需要意识到的是，在这个恶性循环中，我们必须要做的是弥补自己的缺点。

保护自己常常被使用的方法是：麻醉自己和遗忘。我们把痛苦深埋在潜意识里，然后尝试着掩盖、忘记。往往创伤越深，我们掩盖的力度就越大，想去遗忘的初衷就越强烈。

只有先对自己的痛苦负责，停止责备，表达自己的痛，让它浮出水面，才可以选择爱自己。

用爱和谅解，陪伴他/她从错误中吸取教训，度过婚姻中最黑暗的时刻。

Chapter 16

拾陆

婚姻的世界，是你看法中的模样

在没有 GPS 的年代，我们出行游玩时总会拿出地图去寻找目标位置。

地图上有什么？有我们现在的位置名称、我们要去的目的地和如何到达的路线。我们会看到很多选择，高速公路、国道、县道、乡道，甚至无名路。有时候，到目的地就只有一条路可供选择。

还记得我们与爱人刚刚组建家庭的时候，充满激情地画下人生的蓝图吗？我们要去这里那里，你的家人就是我的家人，我们用嘴巴和意愿画满了一张未来人生的地图：

信任、支持、尊重、浪漫、沟通、体贴、理解、有爱、有激情、包容、忠诚、坦诚、一同进步、一起成长、互相帮助、聆听，诸如此类……

那时候我们想法中的样子，就是婚姻中该有的样子。直至矛盾出现，直至争吵开始，直至我们拆掉了当年恋爱时彼此头顶的光环。这时候，地图中的板块开始随着想法改变，色泽也逐渐不够鲜艳。

“末日四骑士”（The four horsemen of the apocalypse）的概念，源于《圣经》中的《启示录》。在世界终结时，四位分别骑着白、红、黑、灰色马的骑士，将瘟疫、战争、饥荒和死亡带给接受最终审判的人类。在婚姻中，约翰·戈特曼（John Gottman）也提出了“末日四骑士”的概念，通常他们会按照下面的顺序依次闯入婚姻的心脏地带：

- **批评**：攻击另一个人的性格，而不是就事论事。

“你昨晚临睡前没有关灯，很浪费电。”这是对事件的抱怨，而“你这个人怎么老是不长记性，从来不上心？”这就是批评。

“就这样，你在公司还能当领导？可笑！”
“我讨厌你这种不负责任的态度，你根本就不配做老公！”
“真是没见过比你还蠢的人了！”

这些批评是不是听上去很耳熟？因为在许多婚姻中，伤害都是从刻薄的言语开始的。

- **蔑视**：讥讽、翻白眼、挖苦、冷嘲热讽。

“说得好像你多能干一样，你那么有本事，还能混成这样？”
“你要是能做，母猪都能上树了。”

“你想多了，我根本没拿你当回事。”

蔑视会引起更多的冲突，离和解越来越远。它十分可怕，因为它让人性里“恶”的一面显露了出来，并被彼此看到，激发出彼此“好斗”的欲望。

- **防御 / 辩护：**自以为是的愤慨，问题不在自己身上，归咎于他人。

“你知道我有多不容易吗？要不是因为嫁给你，我根本不至于走到今天这个地步。”

“你早干什么来着？要不是你一直拖拉，事情会这样吗？”

这让关系变得更加紧张，进入恶性循环。辩护其实是另外一种变相的责备，伴侣多数不会真的退让或理解，反而会激化矛盾。

- **冷战：**我们常说的“冷暴力”，从互动中撤出，拒绝沟通。

“别碰我，不要和我说话。”

“嗯，知道了。”

不说话，也没有反应。关系被大面积的负面情绪所覆盖，两人进入对立状态。

作为一个经历过婚姻的人，我十分惭愧地说，这 4 个骑士，都曾出现在我的婚姻里。这些骑士，的确是有害无益的，他们会火速将你的婚姻带进低谷，曾经的信任与疼爱消失殆尽，二人的关系急速走向终点。

在爱情的初始期，人们在享乐状态或处于有利地位时，会无法看清自己的处事方式；而发展到瓶颈期或者处于逆境中，当他们面临困难时，处事方式会变得不同，矛盾也会凸显。

此时的处理方式带着未来感，此刻的想法、决定及行动，也预言着今后的发展方向。婚姻需要经营，同样需要用心、用脑、用合适的方法……做出改变的最佳方式是停止过度思考、谈论、计划和分析，然后迈开腿行动。

阿德勒心理学中曾提到“原型”一词，虽然这个词后期不再被使用。但夫妻之间的关系网建立，依然是有“原型”的依据可查的。原型是未成熟的果实，像所有生涩的水果一样，如果里面有条虫，它长得越大越熟，里面的虫子也变得越大。

遇到问题时，我们习惯于用忧虑、紧张、暴躁、恐惧、慌张或者是全力抗拒来面对。恐惧带来的反应则是挣扎、疑惑、拖延以及抗拒。

阿德勒曾经在分析犯罪心理学的个案时说道：“总要有人先开始，别人是否合作与你无关。不要担心别人是否合作，去做。”当婚姻里的末日四骑士出现时，最好的办法就是进行修复，哪怕最简单的“让我们彼此都冷静一下”，在尊重的基础上进行表达，也可以避免这种危险状态继续恶化。每一对夫妻的相处模式都不同，没有什么固定的模式和方法，只需两人都抱有想去缓解紧张状况的意愿。

不求回报地付出、真心诚意地付出，是一种完全不同的体验。你不会觉得支离破碎，也不会因为得不到回报而愤愤不平。你只是注重这个付出的过程。

“我说爱你并不是等你去回应，我说爱你，是因为我想让你知道我爱你。”

去做，并不是为了索取，而是想要去做。

Chapter 17

拾柒

是什么原因让你停滞不前？

个体心理学的一大目标是社会适应。我们在婚姻中缺乏勇气，就会找诸多借口去避免尝试。因为害怕失去所熟悉的“具备安全感的范围”，所以当同样的问题重复出现时，我们总是用熟悉的、未必会有帮助的方法去处理。

当婚姻中出现争吵、指责、不信任的问题时，任何一种纯逻辑论证都是没有效用的。这里面没有固定的套路，那些道听途说的、小说和电影里看到的情节只会让情形变得更加糟糕。

有个女孩子在课堂上曾分享，她是看韩剧长大的，所以在心目中一直觉得生活应该是按照韩剧里的情节去发展的。丈夫忘记他们的结婚纪念日，她暴怒；丈夫没有在她生产的第一时间出现，她十分心碎；当丈夫面对生活琐事采取睡一觉的方式去解决时，她陷入了深深的迷茫——为什么这些都不是我曾经期待的模样？他为什么是这样子的？我是不是选错了人？

小说和电影给我们展现的是不完全真实的世界。那个世界里有“完美先生”和“完美太太”，他们帅气多金且温柔贤良，没有脾气且善解人意。带着这样的期待生活，那么你时时刻刻都会有受挫的感觉。

这种对失望的恐惧和过度预期，会造成恋爱和婚姻中的嫉妒和多疑。

上述例子中的婚姻经常进入卡壳阶段。那么，停滞不前、问题得不到解决的原因是什么？

是缺少觉察。婚姻里最需要觉察的是什么？

是提出问题的这一方，去关注自己的感受——不开心、失望、愤怒、困惑。还有呢？还有就是挖掘带来失望感的真正根源，是因为对方做了什么带来如此的感受；还是因为自己希望对方去做什么，对方做的没有满足自己的期待值，而带来的这份感受？

理解自己、理解伴侣，这些是人们在面对生活和婚姻艰巨任务时，能找到的最有效的帮助。

一些不好的经历和体验，也许会成为我们恐惧的根源，同样也可成为我们拥有更成熟的见解、更良好的理解的基础，这都取决于我们从以前的错误中得出什么结论。

当觉察到问题所在之后，不一定忙着准备起飞去一个新的空间，首先要做的是避免抗拒感。抗拒是人们在面对矛盾时特别惯用的一种方式，也是关系卡壳时的一大障碍。

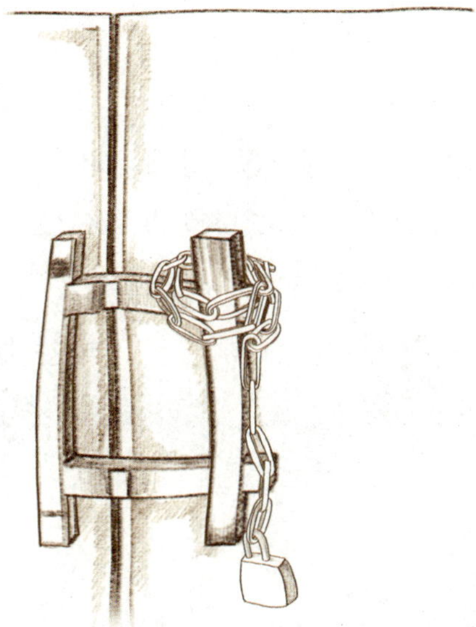

比较常见的有两种。

- **身体抗拒**

当两人产生矛盾后，妻子们特别爱使用将丈夫拒之门外的招数，大多数情况下，还会拒绝男人的性要求。理由是“没心情”。很令人诧异的是，很多男士们都认为“床头吵架床尾和”的真正意思，是可以用身体接触去舒缓两人因矛盾产生的尴尬的。我曾听到很多男性朋友半开玩笑地说：“两口子之间，没有什么是滚床单解决不了的问题。”

我认识一对非常恩爱的夫妻，他们之间有个十分特别的约定：“无论遇到什么样的困难，两人有什么样的矛盾，不可分房睡，不可分床睡。”不要小看了沮丧时的拥抱与靠近，有时候是非常奏效的。

可怕的是，有些婚姻，在矛盾产生时，会发生暴力行为。其中一方大打出手，借此发泄自己的愤怒和失落。这就超越了身体抗拒的范围。需要知道的是，感情真的如一块镜子一般，它不是不锈钢的，每一次伤害的背后，都有难以弥补的损失。情况严重的情况下，有必要寻求外界的帮助。

- 情感反抗

需要承认的是，当我们感觉不好的时候，是无法把事情做得更好的。心情低落时，有些人看上去郁郁寡欢，有些人采取冷漠与忽视的态度。有时候丈夫们也许会先服软，尝试着哄妻子开心。但大多时候，女人会采取强硬的拒绝态度，让对方吃个闭门羹。严重的还会伴随讽刺、过激的言语，其中一方往往会扮演受害者给予难看的脸色和道德上的评判。

我处理过一个十分棘手的案例：丈夫因为工作原因被停薪留职在家待业，刚巧妻子的事业过了起步期，步步高升。两人从很小的矛盾开始吵闹、分居。丈夫在家里得不到认同感，就开始了网聊，被妻子发现后，矛盾更加激化。丈夫的自尊心受到极大挫折的同时，还背负着不能给家里带来经济收入的压力，决定提出离婚。

妻子觉得很恼火，自己在外面打拼得如此辛苦，丈夫竟然不能理解；丈夫也觉得很痛苦，人生低谷期不被社会认可，回家之后还要陷入人身攻击中。

如何在停滞不前的状态中有所改变？

任何一个具备伤害功能的行为，都是需要修复的。但有些行为可以修复，有些则非常难。我们在遇到生活问题的时候，会选择各种各样的方式反抗。但是，需要有一定的方式方法。

神经语言程序学中有一个非常有趣的理念——“没有回应，也是一种回应。”我们不一定要在被伤害的时候，马上穿上盔甲反击。在婚姻中，有时候不回应，反而是伤害程度最低的一种处理方式。

Chapter 18

拾捌

为关系赋能并优化自我

前面几章曾提到，阿德勒在个体心理学中指出，每个人都必须面对的三大经验领域：

- 追求对社会有用的专业或职业（工作）
- 建立有效的人际关系（朋友）
- 获得爱情、婚姻及家庭（亲密关系）

作为中国独生子女一代的“80 后”，很多人在幼年的成长过程中，是被过度宠爱、过度期待、过度要求和过度补偿的。在被这几个“过度”充斥的成长中，他们经常直接被否定“你不够好”，总能感受到极强的挫败感，以及不能达到父母要求之后被责备的自卑感。逐渐地，在步入社会之后，这一代人会比其他人更努力地寻找可以彰显自己的机会。

而婚姻中呢，也是一样。我们见到越来越多的“80 后”离婚，因为“这不是我想要的生活”。

男人的成功感多数来自三处：

- 个人能力；
- 他人认可程度；
- 他帮助别人的能力。

在适者生存的竞争法则中，男人为了变得更加出类拔萃，他会更加希望别人知道自己是多么能干，多么乐于助人。

而女人呢，她们的满足感来源于：

- 给予爱的能力；
- 珍视拥有的爱的能力；
- 获得爱的机会。

由此可见，女人生命中的大多决定是遵循给予爱与接受爱的。

让我们来看看现代婚姻中几个普遍现象。

社会日新月异，生活条件指数直线飙升，不少家庭在生活中，出现了很奇怪的现象。两人一起打拼一起创业，熬过了最艰难的日子，终成正果。有了家庭也有了事业，两个人却越来越不快乐。丈夫不能理解为什么当年那么艰苦的日子都能并肩度过，现在物质条件好了，妻子却诸事不满、闷闷不乐；妻子呢，则责怪这份富足带来和丈夫的疏离与自己无法填满的空虚。

的确，在生活中，很多人都把金钱当作解决问题的法宝。日子过得上顿接不上下顿的时候，大部分人都会认为，贫穷是一切烦恼和不幸的根源。如果日后可以拥有很多金钱，他们所有的烦恼都能迎刃而解，大家都会快乐起来。但是，金钱不是万能的。当人们不再为金钱和温饱而奔波担忧时，他们的注意力会转移到别的事情上面，尤其是女性。越来越多的全职太太们能感觉到自己情感上的缺失和空白，对生活无力。她们想要一个倾吐的出口，却经常被丈夫们认为是矫揉造作、无病呻吟。

“什么都给你买，有车有房有钱，你还想要怎么样？”

很多时候，她们提出沟通要求却被丈夫这样怼回来，仿佛自己不应该有如此起伏不定的情绪，因为没有给家庭提供经济支持，所以也没有权利去探讨自己的感受或其他需求。

事实上，这种理解并不是带着尊重的。不管拥有多高的社会地位、多大的特权、多丰富的钱财、多优越的生活环境，所有的家庭成员都有权利感到忧愁、烦恼和沮丧，也有权利去表达自己的情感渴求。

在我们的传统中，许多男人都有这个理念：男主外，女主内。女人应该全力以赴承揽家中所有的家务及孩子的养育，这样才能与男人在外挣钱的辛苦匹配。有的时候男人倾向于一次性付出很多很多，然后坐等女人的回报。

在很多婚姻中，妻子们自然而然地把自己放置在需要接受帮助和保护的无助者的位置上。也有一些妻子表示，男人对自己的尊敬和男人在自己身上花的金钱成正比。遗憾的是，她们可能尚未意识到，她们要求男人给予“应有的关怀”，是通过男人为她们消费的金额来评判的。

面对这样的窘境，我们该如何是好呢?

妻子们大可不必去和丈夫锱铢必较，算计谁为家庭付出了更多。我们需要的是更多的鼓励，给对方以支持，而不是等待男人主动帮助，更不要等两人的付出相差悬殊时才开始要求和抱怨。除了对自己赋权，还要对伴侣赋能。

当争吵与矛盾来临时，自我安抚和消化负面情绪是一种优化自己的方式。这就像电脑程序一样，每隔一段时间，需要自行升级。

切忌用强迫的口吻去命令任何人，要相信，你的伴侣很爱你，乐意为这个家庭付出，同时，他/她很需要你的鼓励。

- 充分信任，不提过多的建议；
- 掌握适度原则，敞开心扉，乐于接受，不要过于渴求（我们对别人的看法，很多时候是基于自己的观察的，用自己的观点诠释之后形成的）；

- 懂得安排自己的时间，让自己的生活更丰富多彩。

怎么才能更懂得自己、学会调整，并给生活赋能？怎么才能知道自己逐渐变得坚定、强大、有能力呢？

詹姆斯在《寻找真实自我》（*Search for the Real Self*）中描述了真实自我拥有的几种能力：

- 能够带着活力、享受、兴奋和自发性，去深刻地体会各种感受。你允许自己体验真实的感受，不压抑任何正常情绪。你也允许自己通过适当的方式表达这些感受。
- 能够期待获得适当的肯定。你相信自己，不再为自我怀疑的焦虑感所笼罩，所以当你值得肯定时，你就会肯定自己。
- 有自我激励和坚持的能力。你能发现自己的梦想和欲求，能够行动起来，努力去实现，同时相信自己可以做到。
- 建立自尊心。现在你相信自己是有价值的，不管他们是不是欣赏你，你都不怀疑这一点。
- 减轻痛苦的能力。当生活中出现令人不快的情形时，你能安慰自己，不沉溺在悲伤中，而且可以找到处理方法。
- 有能力作出承诺，并说到做到。当一个决定是正确的时候，你能坚持自己的原则，克服困难，迎接批评和挫折。

- 有创造能力。你能找到解决问题的方法，足智多谋，能减少消极观念，用积极观念取代之。
- 有亲密能力。在婚姻亲密关系中，你能进行自由而真诚的自我表达，而不必担心被对方抛弃或者丧失自我。
- 独处的能力。你能享受独处的时间，并在其中发现乐趣。
- 维持自我延续的能力。你的内在本质是真实的，并且在人生的考验和磨难，以及岁月的变迁中保持一致性。

作家贾平凹先生曾经在《自在独行》中这样形容具有赋能的女性："以自我而活，活有个性，活有热情，常活常新。正是这种常活常新，恰好符合了男人的易于疲倦的秉性，使他们有了新鲜感，有了被吸引力。"

Chapter 19

拾玖

找一个合适的时机好吗？

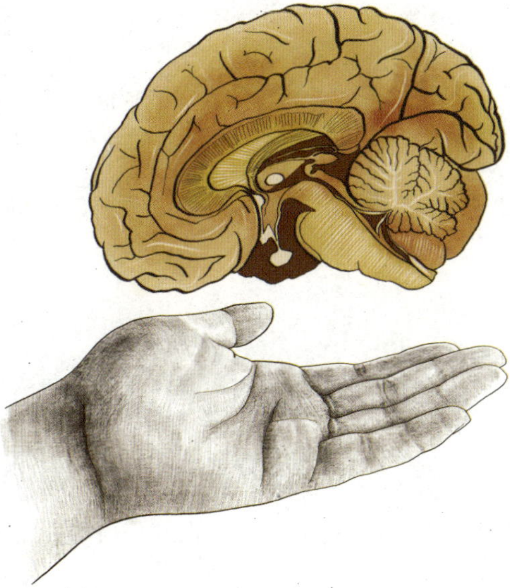

手掌中大脑（The brain in your palms）的概念，来自丹尼尔·西格尔（Daniel Siegel）的《由内而外的教养》。

这个理念非常形象地展示了我们大脑不同部分的功能，以及大脑是如何掌控我们的生物本能、情绪和理性思维的。要想理解“冲动是魔鬼”，首先要了解自己的大脑。

• 脑干

举起我们的一只手，打开拳头，掌心到手腕这部分代表脑干，脑干是大脑中最为原始的一部分，它控制着心跳和呼吸，是维持我们生命的主要部分。所有的信息都要先经过脑干再进入大脑区。脑干同时掌管着与生存相关的一切技能，但不负责管理思维。

比如，在深山野林中，突然出现了恶狼，这时候脑干会不惜一切指挥你保护自己的安全，调动所有不曾激发的力量——你会火速奔跑，或者极力奋争地与恶狼相斗。

• 中脑

我们再把拇指向掌心折过来，这个拇指代表的是一切边缘系统，如杏仁核（掌管恐惧、悲伤、愤怒等主要情绪）、海马体（调节情绪记忆）和扣带回（调节注意力）。人的大部分自动反应都是由这部分控制的，如瞳孔、眼球、肌肉等。这部分边缘系统被称为原始动物脑。人自动运行的生存智慧、亲善或者敌对等一系列基本动物性的反应，由边缘系统完成。

• 前额叶皮层

现在把其余 4 根手指弯曲起来，把大拇指盖住，就握成了一个拳头。整个拳头的表面就代表我们的大脑皮层，手背部分代表枕叶、顶叶和颞叶，是负责接受和调节视觉、听觉、触觉、空间、运动等信息的地方。4 根手指代表额叶，是负责思考和整合信息的地方。指尖部分则是整个大脑的指挥官——前额叶。前额叶和脑干及边缘系统各区域都相连，负责整合和调节来自大脑各处的信息，实施人的自我意识、人际交往、情绪情感、因果关系、道德品行、思考反省、长期的组织能力等。

人的左侧前额皮层与积极情感有关，右侧前额皮层与消极情感有关。有研究发现，恋爱中的男女前额皮层会暂时关闭，使得他们对对方不再怀疑或持批评态度。

从进化上来讲，前额叶皮层是最晚发展的皮质结构之一，人类的前额叶约占大脑皮质总面积的 1/3，直到青春期才日渐成熟。

- **大脑盖子打开**

现在回到刚才拳头的动作，4 根手指把大拇指紧紧地包住，我们大脑里的那部分，就像一个盖子，紧紧地关住人类的动物本能。但我们处于愤怒或狂躁的情绪下，手掌大脑盖子就会不自觉地打开，由拳头变成了手掌。我们理性大脑前额叶皮层就不再起作用了，取而代之的是大拇指（边缘系统）的部分显露了出来，这时候人的状态就是动物脑的状态，处于本能的反应，行为就会以动物脑为主导，不理智、情绪化。这时候我们是没有能力去控制自己的情绪的，同时也无法恰当地处理人际关系，更多情况下，也不会意识到自己的言行有哪些不妥。

这解释了为什么大家在愤怒的情绪中，经常会说出非常伤人的话，事后又十分后悔。当大脑盖子“打开”的时候，我们无法保持冷静和不去伤害他人。

所以，当你想要找对方聊聊的时候，谈话的内容是一方面，谈话的时机至关重要。那就是对方需要做好听你说话的准备。

在婚姻中，知道什么时候刹车，是一项十分重要的事情。即便我们学习了诸多沟通的办法，但是在情绪上来不能冷静时，那些沟通方式就失去了它们的“疗效”。你甚至可以直接地告诉伴侣你当下的感受，提出要冷静。

熟悉正面管教的很多家长都知道这句话：“感觉好，才能做好。”婚姻中，亦是如此。

尽量减少制造生活中的压迫感。很多丈夫都表示，他们特别害怕女人咄咄逼人地命令自己开口，这种巨大的压迫感让许多男人的头脑一片空白。就算原本有话要说，也会心生逆反，抗拒与女人交谈。

在倾听的时候，要尽量避免“纠错”，如前些话题里提到的，倾听的时候，我们就是“录音机”功能，不评判，不插嘴。很多丈夫终于坐下来听妻子的滔滔不绝，很快又因为妻子的倾吐让他们无法对自己强烈的“拯救”的念头缄口不言。

当伴侣回家的时候，他/她的大脑盖子是打开的，他/她看起来烦躁、恼怒，每一句回答都像“吃了枪子儿”一样。我们可以尝试“不去接火”的方法。他/她正在“奓毛”的状态中，你就不要劈头盖脸地去评价。反而你的“不接招”会给他/她空间，让他/她思考。又或者用“镜子效应”让他/她安静下来：当他/她皱眉的时候，你保持平和；当他/她行为焦躁的时候，你保持平和；当他/她唉声叹气的时候，你保持平和。慢慢地，他/她也会平和下来。

休息片刻，同样是一个很好的办法。

“让我们休息一下。”

“我出去走走，很快回来。”

“我觉得我们跑题了。”

“要不我们换个话题？”

瑜伽中的冥想，神经语言程序学中的教练状态（COACH），还有很多方式都可以有效进行安抚。大多是找个舒适的位置坐下或躺下，先从呼吸调整，闭上双眼，放松肌肉。可以将自己置身于一个舒适的幻想中，如阳光海滩，或者静谧的森林、夕阳下的湖泊等，同时调整呼吸。无论是从内聚力逐渐散发负面情绪，还是通过想象来放松，都能逐渐让自己安静下来。

我们需要保有信心，只需要表达自己的担忧和关心：

“你需要一杯茶吗？”

“我只想让你知道，我在。”

当男人乐于交谈时，聪明的女人不会连珠炮似的问他上千个问题，更不会强硬地命令他马上开口交谈。相反地，妻子们可以主动与丈夫分享感受，鼓励他多倾听，并且宽慰：如果你想和我说话，我非常开心；如果你现在不想说，可以听我说几句吗？非常感激你的耐心！

你听过一个笑话吗？一个男人回家后很沮丧，妻子一开始就追问他：“怎么了？怎么了？”男人很不开心地说：“没怎么，男人的世界你不懂。”于是，妻子走进了洗手间。她出来的时候，画了胡子，拍了拍丈夫的肩膀说：“嘿！哥们儿，有什么咱们能聊的吗？”一瞬间，男人突然泪流满面。

这份恰如其分的幽默，让对方感受到了爱与付出的同时，也缓解了情绪。

在生活中，我们大多有多重身份，既是妈妈，又是妻子；与老人同住的，还是女儿或者儿媳。经常把工作情绪带回家的，甚至还会多扣一顶老板或者员工的帽子。这些帽子，很多时候和坏情绪纠缠在一起，如重担一般压在身上，使我们无法喘气。

找个合适的时机谈话，就是让我们认识到自己在婚姻里，最主要的身份是妻子。当我们是妻子的时候，请放下老一辈的叮咛，暂时搁置喋喋不休，好好陪伴与理解对面的这个他且不弃不离。

Chapter 20

贰拾

如同左手摸右手般的床事

“如果理解正确，就会发现所谓的缺乏激情，不是夫妻推卸责任的借口，而是两人发展新社会情感的挑战。”

——鲁道夫·德雷克斯

一份满足的爱，是毫无保留地、无条件地感受对方。爱是夫妻双方共同的任务，性是建立在互相理解、逐渐学习、共同进步的基础上的。在逐阶进步的社会中，性早已经超越肉欲冲动和生殖繁衍的目的，衍变成为达到个人情感和身体同时满足而进行的更高层次的行为。

在婚姻里，当人们进入性关系时，很多时候都会把自己的个性、以往的经历、生理体格、繁杂琐事带入其中。

调查研究显示，婚姻内缺乏性兴趣，不能引起性刺激、性要求多样、性过程不充分、阳痿、性冷淡、性厌恶，都不是所谓性生活不协调的原因。在很多情况下，两个人冲突的后果，反映了夫妻之间的对抗态度，这些态度影响他们的性行为。

青春期时，我们的性能量就像火山一样旺盛，步入中年，能量貌似逐渐减退，而且似乎只能在生殖器官上才感觉得到那股能量。这一切，真的和年纪与“相濡以沫”的柴米油盐有关吗？

在很多匿名的拓展活动中，我都曾收到过类似的问题：

“婚姻中的性生活，像左手摸右手。”

“婚后两年，频率和热情都所剩无几了，这是正常的吗？”

“还是每天抱着一起入睡啊，但就是提不起兴趣。他是不是在别人那里解决了生理需求？”

“自从有了孩子，性生活几乎一年一次。”

“累，没有心情。”

“貌似两人都提不起来兴趣，草草了事。”

很大一部分人认为：婚后有了孩子，忙于照顾孩子，是夫妻生活质量下降的一个重大原因。当性生活变得百无聊赖，很多婚姻等于名存实亡。甚至很多人会把“性生活不协调”作为结束婚姻的一大理由。

还有个很大的原因来自我们的文化，20 世纪 70—80 年代出生的人，小时候并没有接受过适当的性教育，很多父母采取回避的态度，还有一部分父母会灌输——“性”和“情色”是一样的，并嗤之以鼻，说这是羞耻的、不可提到台面上的事情。所以在恋爱过程中，很多女性会认为，发生了性关系就是“被占了便宜”，这种观念依然会延续到成家后。即便成为夫妻，也羞耻于去更深一步探索彼此的需求与身体喜好。

与伴侣谈论性生活，是一个需要“恰如其分”的事情，无论是态度，还是方法都很重要。态度需要平和，如果你的开场白是以批评对方“很少碰你”而开始，那么之后也会不了了之地结束。记住，你的目的是希望婚姻里的性生活越来越和谐，即便你现阶段有些不快乐的感受，也要尽力去突出好的一面。然后，告诉他/她，你如何喜欢这种好的感受。当然，讨论的时候同样需要自己在一个舒适的范围内，因为自己的心理和身体感受同样重要。婚姻里的性生活并不是单一的一方满足另一方，而是通过这种方式来传递感情，让两个人走得更近，拥有更多的快乐，在婚姻最敏感的地带被尊重和被宠爱。

伴侣关系在一段时间后激情减弱，是特别正常的现象。真正的原因，是我们不再专注。

性生活的死气沉沉，是情感关系整体倦怠的体现，其实无论男女都非常在意。夫妻生活并没有一去不复返，只是戴上了不同的情感面具。

不专注的原因有很多，当女人受冷落时，内心会变得异常敏感，觉得自己被否定或被排斥了；与此同时，男人也是一样的。尤其当矛盾产生，发生争执，女人将夫妻生活的不和谐也夹杂在矛盾中，抱怨不休，怨天尤人，男人就会敏感地怀疑自己的能力，感到很强的挫败感，并心生厌恶。

身体的每一个部分，都与一种情绪相关。如何重新相爱，让身体的冷漠与隔阂逐渐冰释？

这个“想要”，并不单单是对方的身体和你的情欲，更深一层的是你有多想和这个人建立亲密的情感关系。

婚姻鼓励咨询课堂中，导师琳·洛特特别提醒大家：“别把生活中的挫败感、紧张、愤怒带上床，也不要在卧室里谈不愉快的性生活。”

卧室是一个需要放松、温情、充满激情的场域，不要让它在矛盾中变成一个吐槽和爆炸的场所。

问自己以下问题：

- 你上一次主动向伴侣提出要求是什么时候？
- 在婚姻生活里，你是否曾经觉得对方性冷淡？
- 你知道自己的敏感区域在哪里吗？
- 你了解伴侣喜欢的性爱方式吗？
- （女性）你了解凯格尔运动吗？

和谐而有质量的性生活，并不是简单的活塞运动，夫妻双方都需要打开五种感官，心法和技法共同运用。爱是需要行动去关心对方的，做爱也一样。

那么，我们可以做些什么呢？

打造好坚实的硬件——先来看看凯格尔运动。凯格尔是一种加强盆底肌力量的练习，在欧美和日本已经被广泛应用，除有助于增强盆底肌的拉伸力，改善产后尿失禁，更有助于提高性生活的质量。

- **最简单的凯格尔运动**

平躺，面朝上，膝盖弯曲。

深呼吸时慢慢提升收紧阴道肌肉（通常是1—10秒）。

吐气时放松阴道肌肉。

重复练习。

注意：练习之前需排尿，不要在憋尿的时候练习。

- **重视日常生活中的接吻**

不少女人会抱怨，在婚姻中，两人接吻的次数越来越少了。还记得刚恋爱的时候你们的接吻吗？两个人吻着吻着就忘了时间，接吻是一件很美妙的事情。它可以提升两人的能量与互动，同时让关系更加亲密。

即使你们已经接吻过许多许多次，千万别忽视它的表达作用。人体敏感的地方就是皮肤和黏膜交界处，嘴唇、耳朵、鼻孔都属于这样的区域。接吻是我们打开触觉的一扇门，不要操之过急，轻柔一点，时间久一点，用心体会。

接吻是个逐渐升温的过程，也是可以同时打开五种感官的方式。利用这个小缠绵的机会，表达你的享受和喜欢，甚至表扬对方。同时，不要忽略他/她身体的其他部分，耳垂、脖子、锁骨……还有被你牵起的手指尖，都是可以被亲吻的。

- 味道的小秘密

人体内的荷尔蒙可以形成自己的生理气味，也就是“体味、体香”，我们通常自己闻不到，但对异性有超常的吸引力。它能直接引起对方大脑的反应，产生冲动。巧用气味助兴，是婚姻生活中充满小情趣的高招数。

不少女士留意到，无论是香水还是护肤品，总是少不了玫瑰的身影。有个日本人曾在书中写道：“玫瑰能够帮助女人绽放女性特质，缓解压力，调整自律神经平衡，调高表皮温度，让女人心情开朗，充满女性魅力，变得风情万种。”

花点心思，让对方围绕在玫瑰花的香气里，让玫瑰帮你绽放自己的女性特质，撬开一扇新大门。

- 练习“切肤”的抚摸

触摸是五感里的重头戏，当我们完全打开自己的五感时，会感受到一个不同的新体验。前戏时，给伴侣做个按摩，不用刻意追求按得有多好，但手法是轻柔、爱意满满、很耐心的。留意一下容易被遗忘的部位：后背中间那条线、腋下延展到手臂内侧线、左右侧腰线、臀根部线、两面臀中央线、脚踝，等等。

- 保鲜爱情

性生活存在于日常生活里，牵手、拥抱、亲吻、互道晚安、互送礼物、相拥着睡去……都是性。

在得到帮助的时候学会致谢；在对方面对困难的时候告诉他，如果你需要，我可以是被依赖的；当他需要安静时，给他空间。如果你们同时筋疲力尽，背拥式（丈夫从身后抱着妻子，双腿弯曲，一只手放在妻子的小腹上）进入梦乡也同样是在为婚姻打气。

在这条路上，我们要的和谐不是违心的和谐，而是在身体共鸣的同时，更加深爱彼此。

Chapter 21

贰拾壹

妻子们，请切入主题

语言，是社会化的产物，我们通过语言表达需求，表达共鸣，表达爱。语言是儿童早期行为中至关重要的部分，当孩子们的欲望不能被满足时，他们会通过语言这个途径来表达。

成年人用语言来表达情感，他 / 她的第一初衷是被听到——“我很冷、很难过，还很想你”的需求型表达，传递的信息是——“我需要你，请听我说完。”

当婚姻生活中产生矛盾的端倪，许多男人并不愿意向女人主动道歉，当然，这里面有个人原因。男人们逐渐留意到，道歉在很多时候并不奏效。当丈夫说“对不起”这三个字时，有时候反而是争执的正式开始，因为妻子们并不会就此善罢甘休，反而喋喋不休地向男人详加诉说，为什么他是错的。

婚姻中，“因果论”很少能有最终的解决方案，而“目的论”往往指向出口。妻子们需要意识到，道歉的真正意义并不是寻求原谅，而是愿意承担。

有时候，我们一旦意识到自己付出了很多，就难免将自己的不幸和不快乐归咎于另一半。婚姻中的沟通，如禁不起风吹雨打的花朵一般慢慢枯萎，一个又一个问题却像杂草一样恣意横生，满目疮痍。连我们自己都不明白：为什么会这样？哪个环节出了问题？为什么两个人就是不能好好说话？

很多生活类电影中经常会重复这样一句话："即便你告诉我，我也不会记得。"

作为婚姻咨询师和情感专栏的主笔，我总能听到许多女性滔滔不绝地吐露婚姻的不幸：对伴侣的不满、对性生活的失望和放弃，工作环境的诸多窘境。身为女人的我同样知道，女人们特别需要的，是感同身受般地被倾听，之后，才能去解决问题。

但是丈夫们貌似很蒙圈，当妻子谈论或者抱怨时，难道不是在发出求救信号，邀请他来解决吗？要知道对于关注财经新闻、天气预报、体育赛事和户外活动的丈夫们来说，"物"与"事件"本身，远远比人物与事件涉及的情感重要。而在婚姻里，他需要做的只是好好听听这个女人在说什么，在适当的时候表现出自己的认同或理解。所谓的问题，就已经在解决中了。

在婚姻鼓励咨询课堂的一次练习中，一名男同学在示范沟通方式，当听到对方提高声调，以“你怎么又……”这类句式开场白时，他除了眉头紧锁，还不由自主地选择一步一步后退远离。

分享感受体会时，这位男同学有句话引起了我们的觉醒：“不用一上来就开始攻击，也不必说那么多，我做不就得了吗？”说到感受，他用的词汇是：烦躁、抗拒、想逃。

在婚姻生活中，你有没有听到过丈夫这样反馈：

“行了，别叨叨了。”

“能不能别指示我做这做那的？！”

“知道了知道了，别说了。”

“你没必要说那么多！”

“你烦不烦？”

实际上，男人有以上这些反馈，他不过是想告诉妻子：我不喜欢你的表达方式。

妻子们常常爱把问题的细枝末节唠叨个没完，这时候，丈夫们会变得格外没有耐心。他们会错误地认为，女人之所以念叨个不停，是因为找出解决问题的办法时必须要遵循这些细节。于是他们煞费周折，好不容易理顺那些千万头绪里的细枝末节，耐心几乎已经消耗完。相反地，妻子们只是沉醉于倾诉的过程，她并没有也不需要从他那里获得解决办法，她需要的不过是关爱和理解罢了。

念叨及重复强调问题，并不是一个有效的沟通方式。一方会感到自己在一厢情愿地劝说；另外一方，则感到在被灌输。这种沟通方式是单向的，而且十分乏味。

前面曾提到，负面的语言有时会加强负面情绪，在无意识中长期使用，并不利于我们沟通的结果。

比如：

你就不能……

你难道不可以……

你不会……

在这些开场白的沟通中，我们已经无意识地预设了“不”的可能性。更多的是在“不”存在的语境中，带有很多情绪的成分和责备的意思，让对方听起来不适。

相反地，我们可以更直接地提出：

你可以……吗？

你不一定要，但是如果方便的话是否可以……

也许你会有空……

你看看会不会……

或者你可以……

更多的时候，丈夫在妻子冗长累赘的陈述中，根本挖掘不出问题的核心。男人十分注重逻辑思维，只有了解问题的大概轮廓，才能勾勒出解决的思路。偏偏女人会给出颠三倒四的细节，有时候十分迂回曲折，让他们十分沮丧和失望。

不要给丈夫过多的理由来论证为什么男人“应该”提供他的支持。请铭记，男人不需要被说服。请直截了当，言简意赅。

在一些训练幼童观察能力的练习中，教育家们发现，在游乐场同时一起玩乐的男孩和女孩，他们的行为有着明显的不同。小男孩大多关注游戏本身（是追逐，还是逃跑；是捕捉，还是躲藏），而不是与玩伴之间的关系或他们的感受。与之不同的是，对小女孩来说，感受是首要的，如果游戏中有人哭泣，或者有人有攻击性的语言——“我不想和你玩了”，游戏就会戛然而止。

与男人相比，女人更善于谈论和理解他人的感受。

记得在婚姻长乐讲师学习班里，简·尼尔森给我们放过一个录像片段：女人坐在沙发上，跟男人说着自己的苦恼，她焦虑得不行，说头疼得有如头顶上有个钉子一般。男人一边皱着眉头听她说，一边看着她头顶上的钉子，一直忍着没说，其实就是有个钉子。女人一边倾诉，一边感受到了被理解和被倾听。然后，刚刚要与男人拥抱的时候，触碰到钉子，她发出了一声惨叫。男人终于忍不住说：“因为就是有个钉子在那里啊！”女人在这一分钟之前所感受到的理解与关爱顿时消失得一干二净，她不开心地大喊：“根本就不是钉子的问题，根本就不是！”

于是，争吵继续。

这时候，共情是一个特别有效的工具。即便并不认同，但是感同身受总是会给深度沟通带来非常好的体验的。在婚姻里，无论哪一方，都想被另一半听到、看到，被认可。妻子们需要让丈夫明白，你只是想谈论问题、倾吐烦恼，不需要他解决任何问题。这样，丈夫就会放松下来，认真倾听。如果他没能集中精神听你滔滔不绝，请先别急着“爹毛”。请先礼貌地停下来，想想自己的话是否全无重点，等到他注意力稍作集中时，再说下去。

当然，不能一味地把任何一方当作处理自己情绪的“垃圾桶”。

沟通，是需要一来一往的。我们可以说：

“我理解。”

“我明白。”

除了共情，我们更可以鼓励。我们还可以说：

“我看到了。”

“我注意到了。”

“也许有些困难，但是我相信你一定会找到办法解决。”

“我对你有足够的信心。”

“现阶段你感觉非常失落，但是看看你已经做了这么多事情。”

> “鼓励的话是表达也是行动，能够发展、维持和加强他人在自我价值、社会影响、自我引导、自信上的体验。”
>
> ——琳·洛特

Chapter 22

贰拾贰

听话，算是爱的表达吗？

鲁道夫·德雷克斯说："选择伴侣时考虑的因素和婚姻中的冲突原因息息相关。"

换句话就是，曾经你犹豫过的婚姻障碍，很可能会成为日后婚姻生活中屡屡冒出的矛盾点。

说到"言听计从"，作为东方人的我们不会感到陌生，我们从小到大所受的教育中，从不乏三从四德、唯命是从。

在我们独生子女这一代的成长环境中，小时候被告诉要听爸爸妈妈的话："做个听话的好孩子""你看，别人家的孩子多听话"。"听话"这个标签，具备了一种荣誉感，仿佛只要这样做，就会得到表扬，就会被认可。一些十分听话的孩子，在学校里有着优异的成绩，流水作业般地听话进了重点高中，进了理想大学，听话地选了热门的行业，做了管理、做了咨询、做了金融。

他们一路沿着设计好的"听话路线"，成家立业，为人父母。有效数据显示，在情感关系中，过度被保护和被干涉的孩子，心理承受能力反而不强，他们经常压抑自己的需要，为了讨好对方，而承受着本不属于自己的压力。如果伴侣是“听话”的一方，你反而需要花更多的时间问问他 / 她的感受，而不是直接将自己的意愿强压在他 / 她身上。

物极必反之。她听话，不代表她接受；你让他听话，也不代表你爱他。

在婚姻生活里，有共融相处能解决的例子，也不乏无法逾越的矛盾。

故事一

妻子很喜欢画画，丈夫很支持，并买了许多绘画用具给她。在创作的过程中，她突然萌发了去西藏的念头，丈夫依然给予支持，购置了不少关于西藏的书籍及画册。有一天，妻子提出想去西藏自驾游的想法，却遭到了丈夫的强烈反对。原因是，丈夫没有时间，不能陪同，那边很危险，即便是报团也不行，妻子应该在家里陪伴自己……诸如此类，最后丈夫说，听我的话，因为我爱你。

这位妻子在和闺密提及这件事情的时候也会说，因为先生爱我，听他的话会让他更快乐，所以她选择放弃自己的想法。在这个婚姻中，妻子的一次次妥协并没有给自己带来太大的困扰，与此同时，丈夫会找到其他能让妻子接受的方式来证明“听话”和“爱”之间的联系。

但是这并不是常见的，这始终和个人性格有关。

故事二

A 太太是全职妈妈，丈夫的工作时间是周一到周六。A 先生表示，希望太太能在操持家务上更有条理一些，比如早上早起一点为家人准备早餐；比如周末多带孩子们出去做些户外活动；家中衣物最好不要堆积得太多才去清洗；在孩子们都上学的时候，出去学习烹饪或者书法为自己增值……A 先生在提建议的时候，开篇总是以自己是一家之主和经济来源为基础，认为这些是太太“分内”的事情，应该听他的安排。让太太觉得他高人一等，且自己很没用。所以，每次先生要求太太在家务方面进行改善时，A 太太都觉得自己被攻击，就极力辩护。她总说，这是一个家庭，她认为先生对她的要求过于苛刻。关于家务安排问题，他们常年争吵，始终无法和解。

在这个婚姻中，一开始的问题也许与打扫房间和条理化有关。A 先生与 A 太太对凌乱、东西摆放、清洁以及如何安排时间，有着不同的容忍度。但矛盾的根基，是妻子认为丈夫的态度带着要求与人身攻击，没有给她充分的尊重。她并不喜欢这种命令式的沟通，也不喜欢做一个“唯命是从”的太太。

网络上曾流行过这样一个冷笑话。当男人需要出行的时候，他会打个电话通知太太；而当太太想出门的时候，她会变得十分焦虑：老公会不会不高兴？孩子如何安排？先生一句话回绝，太太的行程计划就会泡汤。

有人说，这是因为父系社会根深蒂固的观念还存在，我倒认为，这是亲密关系网变得垂直的原因。水平关系和垂直关系的概念来自阿德勒的《个体心理学》，就是从自身出发，以什么样的形式去处理与社会最重要的联结部分。生活中，很多社会关系在架构上都是垂直的：领导与下属、父母与孩子，甚至夫妻。垂直关系中，表面看到的是高效和执行力强：父母一声令下，孩子就唯命是从；上级分配的任务，下属必须抛开手头琐事第一时间落实；丈夫或妻子的“一言堂”决定就代表了整个家庭的决策……

“听话”“要听我的”“乖”——“然后我就更爱你”，这两者并没有任何逻辑联系。这不过是让二人在身份层面到了一个垂直而不是水平状态：只有上面放权了，下面才能执行；下面的根基做好了，上面的才能宠信。高效未必是长效，现在笑得开怀不意味以后不哭得惨烈。

生活中还有一些隐形的行为，比如焦虑，曾被阿德勒认为是在情感关系中用来控制他人的武器，利用“求关注”的方式去锁住对方。

在《个体心理学》一书中有这样一个例子：有一对夫妇，两个人都认为自己是自由的思想家，每个人都可以做自己想做的事情，只要告诉对方发生了什么即可。结果，丈夫发生了婚外出轨事件，并直接告诉了妻子，妻子看上去并没有过激的反应，似乎毫不在意，后来她就开始焦虑，不愿意独自出门，她的丈夫必须陪着她。她就是利用焦虑或恐惧，来对他们的关系进行修复。

长久的关系是需要二人站在同一水平线的，这里说的并不是什么经济地位、政治地位，而是平等的尊重和可以直言的权利。

当然，感情里也不排除因爱而产生的占有欲或者妒忌心。这是一种很难处理并且很自我的心态。一个妒忌心重的人，对他们留住自己伴侣的能力感到担忧。因此，当一方很想影响对方时，他/她会表现出妒忌心，暴露出自己的脆弱。

如果夫妻双方都执意想占领主导地位，那么他们几乎不能相互合作和配合；同样地，如果两个人都扮演“受害者”，也将无法共融。生活中我们不难看到，总是主导的人和甘愿服从的人结婚。

丈夫或者妻子的抱怨、施压和不准许，是摩擦的真正原因，这一定会危及婚姻关系。威胁和压迫的方式只会削弱感情关系中双方的彼此信任。以强有力的手腕去压制对方，迫使他/她接受你的观点，从而达成自己的目的，只会让伴侣心生怨恨，最终对你的感情也会越发淡漠。很多时候伴侣出于畏惧，闭口不言，不愿对爱人开诚布公；发泄完怒火之后，另一方其实也无法再重拾最初的关怀备至。

久而久之，之前的亲密感逐渐荡然无存，隔阂越来越深。

在这些情感关系的权力斗争中，其实双方都是“感受着痛苦”的乙方。因为两人选择了对立，那么总有一方是会反应过度的。即便一开始相安无事，一切言听计从，但这绝非长久之计。

放权其实是婚姻里的一种“给予”，给伴侣分配更多的时间与权利，反而会让双方都逐渐找到自己的影响力，并且能够互相接受对方的影响。

“沟通的效果取决于你的沟通方式。”如果想要改变这种垂直关系，首先要做的就是勇于表达，告诉对方你的感受，告诉他/她你在乎的事情，同时告诉他/她你不喜欢这样的方式。一开始一定是困难的，对方一定会坚持自己惯用的沟通模式，但是既然是在相爱的婚姻里，两人就一定能找到更良性的方式前行。

Chapter 23

贰拾叁

独立而共生

上一节我们提到，强迫式的相处会让伴侣感到不被尊重和倍感压力。在情感关系中，黏得太近或跑得太远，都会让人心生厌烦或心神不安。重要的是彼此找到自己舒适的位置，逐步建立归属感。

归属感的先决条件是对伴侣有信心；认可、接纳他/她为自己的同伴；同时对自己有信心，相信自己是力量的源泉，具备处理生活中各种可能发生的事情的能力，也能够面对婚姻中的挑战。

而勇气和自信是构成安全感的唯一基础。有句老话，一棵树的高度取决于它伸向最远方的那根枝干。而一个婚姻的格局，取决于你们共同的目标是什么，能看多远。

还记得我们的子女，或我们还是孩童时，对父母的那种依恋吗？从咿呀学语到蹒跚走路，我们通过信任、良知、因果思考和延迟满足来搭建与亲人的依恋关系；从求学生涯到步入社会，我们逐渐被社会化，也掌握了处理关系的技能。逐渐地，对父母的依恋会越来越淡。而婚姻中，两人的依附关系更深一层，我们还需要获得“专注力”和“身份认同”的技能。

我们需要投身于这段关系中，认同彼此，平行存在。

在婚姻鼓励咨询课堂中，琳·洛特和张婷婷老师带我们做过一个很有趣的体验：

- 两人一前一后，面向同一个方向。一个人把全部重量压在另外一位身上，被压到的人，尝试着前行。
- 两人一前一后，面向同一个方向。一个人将整个后背压在另外一个人的手掌上，后面的人尝试推动他/她向前。
- 两人面对面，其中一个人的双脚踩在另外一个人的脚面上，尝试走动。
- 两人背靠背，双手挽着对方，走动。
- 两人并行，两人三脚着地，两条腿需要贴在一起，尝试着往同一个方向使劲。
- 两人面对面，手掌相对，保持平衡。

体验过后，大家展开了特别激烈的讨论。有的同学说，被依靠的感觉也不是想象中那么差，有的同学觉得拖着“绊脚石”前行非常艰辛，感觉心有委屈地“负重前行”，有的同学则意识到这个活动完全映射出自己平日生活中的样子，还有的同学说，很想挣脱，感觉窒息，渴望独自前行。

如果你是**依赖型**人格，和伴侣在一起时你也许会感到：我得指望你，依靠你；我认为你是一个能为我做很多事情的人；你能照顾我；你有钱，有地位，有一个优秀的家庭和好工作，你很棒——是一个完美的被依靠的人选。

如果你是**被依赖型**人格，和伴侣在一起你则有可能感到：除了照顾好自己，我会更好地照顾你；我认为你能让我有一种被人需要的感觉；你需要我为你提供生活所需，照顾你，伺候你；你需要好多好多的爱，因为这是你生命中最缺失的，你需要我的指导；总是被你需要，我也感觉很好。

小时候我们总听到，婚姻犹如风筝一般，你要张弛有度地把握，风筝线既不能放得太远，又不可收得太紧。婚姻并不是风筝，不能总凭一个人在一端拼命地拽拉，另外一个人自顾高飞。二人应犹如大雁那样，时而有领头的一方，但始终有人追随，二人角色可以互换，但始终同行。

无论是婚姻，还是其他情感关系，你如果时刻需要感受对方的情感变化，体谅他/她的情绪波动，替他/她解决问题，满足他/她的需要，任何人，即便是被对方指责为没有付出的人，都是牺牲着自我的。适当的距离能让彼此找回小我的同时，建立更良性的关系。

课堂练习的最后一部分，老师让两人面对面，中间相隔两步的距离。不需要任何人支撑，保持独自站立。两个人之间的距离足够近又足够远，他们能看见完整的自己和对方。这种距离象征着一种良性的夫妻关系，在这种关系中，双方都可以靠自己的能力双脚踏地。当然，他们同样可以随时帮助、鼓励和引导对方。这样互相依存又独立的关系，英文是 interdependent，被张婷婷老师传神般地翻译成为“独立而共生”。

健康的二人关系以互相依赖为基础，两人会轮流照顾对方，大多数情况下，两人是互相独立的个体，这意味着谁也不是单一的依赖者或被依赖者。当任何一方想要靠近建立更紧密的关系时，伸出手、用眼神，或者声音就可以让对方暂时更靠近一些。同样，当任何一方需要更多的空间时，另外一方可以随时回到属于自己的活动范围。

有人曾说，人与人之间的关系好比橡皮筋一样，在弹性范围内拉伸橡皮筋，拉到一定长度，它立刻反弹。

著名两性专家约翰·格雷曾在他的节目中说："男人拥有暂时离开的权利，女人同样也有宣泄情绪的权利。男人期盼有独立的空间，女人需要他人理解。"其实无关性别，在任何一种形式的情感关系中，我们都需要保有自己的空间和权利。

分享一下我最常用的"疼爱"小我空间的方式：

- 读书
- 瑜伽
- 跑步
- 做按摩
- 享受美食
- 与闺密聚会
- 旅行
- 泡澡
- 写作
- 看电影

诸如此类的还有许多。当你明显地感受到对方在索求个人空间时，这其实是婚姻关系的一个警告信号，对方在传递这样的信息——“我需要独处，请给我时间。”这时候我们需要具备接纳对方需要独立思考空间的能力，且相信他能够处理自己的问题。我们能做的就是让自己保持良好的状态，自得其乐。

Chapter 24

贰拾肆

诚实的情感表达

婚姻中经常会听到这样的抱怨："我根本无法了解他，我就像和一块木头在生活。"听到这样的抱怨，丈夫很多时候的反应，会真的像一块木头一样，坐在那里听着，一动不动。

骂他是一块木头，并不能令丈夫留意到妻子的孤单、渴望沟通、想让先生体恤她的愿望。更多的时候，丈夫反而会感到自己备受指责，而被指责的感觉常给人带来恐惧和自卑感。他甚至会觉得委屈并开始退缩，双方的关系会更加疏远。他的伤心、疲惫、沮丧和不做任何反应，在妻子的眼睛里，呈现的就是一块木头、一堵墙。

当一个人心生怨恨，他多数会用两种方式表达：被动地、不高兴地冷战加抵触，或者公开的暴力、吵架式的挑衅。两种方式，都容易做出不尊重别人的尊严和价值的事情。

在家庭生活中，每个人都拥有自己的地位，并且应该拥有一样的尊严和尊重。正面管教创始人简·尼尔森博士在课堂中反复强调，对人对事，我们需要给予尊重和让对方拥有尊严。

丈夫当然不是一块木头，妻子呢，也不是喋喋不休的八哥。

沟通不能用一人做一半的方式来进行。如果抱有“我做了这一半，伴侣得做他那一半，两人才能顺利沟通”的期许，那么就是把对他的期许，再一次地当作他必须去执行的责任。

值得一提的是，独生子女一代的成长环境和我们的文化，并不鼓励我们直接表达个人的需求。对于女人来说，更是如此。即便是现在，女人的职责常常与“相夫教子”“忍辱负重”“自我牺牲”关联在一起。照顾家人似乎是做母亲和妻子的最高使命，很多时候，妻子会忽略自己的个人需要，陷入这个“疲惫不堪、没有自己、无人理解”的局面。

如何破局？

《非暴力沟通》一书中曾举过这样一个例子。一位太太感到十分疲惫，却不能直接和家人说“我今天累坏了，晚上想休息”。相反，她的话听起来就像是絮絮叨叨的辩护词：“你知道我一整天都没有休息过，我熨了所有的衬衣，准备了午餐和晚餐，还出去买了东西，交了罚单……你就不能……”“不能！”她自认为“委婉的请求”非但从未得到家人的接受，反而会引起争吵。她试图证明她应当获取某种权利，然而，对方的拒绝似乎再次表明她的需要微不足道。

事实上，在家庭生活中，如果直接地说出自己的需要，获得积极回应的可能性会更大。

如何去表达？又该怎样表达？

- 不要带着评判的语气，也不要害怕体会和表达。
- 提出具体的请求。

要清楚地告诉对方，我们希望他们做什么，越具体越好。如果我们的意思含混不清，对方很难了解我们到底想要什么。

同时，避免“暗示”和“抽象”的语言。比如，“我认为你应该成就我，你应该明白我的意思，我希望你给我自由……”这些都属于过于抽象、不可操作的要求。

- “和善与坚定”并行。

这句话来自正面管教：和善是对对方尊重，我们不需要谩骂和吵闹、评判和恶言相向；坚定是对自己、对当下环境的尊重。

面对表达自己需求的伴侣，我们可以用这样的方式回答：

- “我知道，我明白。”
- “我很好奇你为什么会这样想？”
- “我们是否可以讨论一下？”

- 表达支持的意愿和感谢。
- 拥抱。
- 表示期待。
- 约定。

还有些时候，我想要的和你想要的截然不同，你给到我的，是你认为最好的，却不是我想要的，这是为什么呢？

让我们从爱的5种表达方式来找答案。要知道，成长过程中我们所接受的爱的表达信号，会跟随我们一辈子，甚至被我们定义为，只有这个信号传递到了，才能被定义为爱——你爱我，你就应该做这些；你没有做到，说明你不够爱我。

这5种方式是：

- 身体接触。
- 服务的行动。
- 肯定的言辞。
- 礼物。
- 特殊时刻。

现在，我邀请你和你的伴侣，共同来做这样一个小游戏：

- 请从这5种爱的表达方式中，选择你认为能让对方感受爱的方式（可多项）。

- 请从这 5 种爱的表达方式中，选择你认为你能感受到对方爱你的方式（可多项）。

注：有些爱的表达方式，是从小时候的养育者映射来的，比如小时候的养育者做了什么样的事情，令你感觉他 / 她爱你。

现在分别来看一下你们的答案，会看到十分有趣的结果。原来我们常常叨念的："你根本就不爱我！"源自对方对爱的表达方式——他觉得他表达了，却刚好不在你的定义范围内。

曾经有对夫妻向我投诉关于周五晚上的特殊时光的安排。他们都十分喜爱"特殊时光"这个概念，却因为安排地点而发生争执。妻子甚至怀疑："这是不是一个愚蠢的决定？是不是不应该去刻意给两人安排'私密时间'呢？"

和他们做了爱的语言表达练习之后，发现他们两个接收的信号是一样的，但就是不能赞同彼此。

后来我发现，他们的问题卡在同一个表达方式的呈现形式上。这个还要追溯到童年时代二人所感受的被爱的方式。妻子的爸爸是飞行员，她小的时候，最开心的事情就是爸爸出差回来带着她出去吃饭，她觉得那是一件很有仪式感也是被爱的行为，现在回忆起来依然有幸福感，所以她坚持要在外面用餐。而丈夫小时候，因为父母过于忙碌，大多数时间是在邻里或者亲戚家吃饭，他认为最开心的事情就是爸爸妈妈能一起在家里做一顿饭，那种幸福感才是特别快乐的。所以，他执意要在家里享受二人时光。

问题迎刃而解——二人各退一步，隔周出门吃饭。两个人都找到了答案，并十分满意。

任何一个公式都不是适于所有人的，每个人接收信息后的感受都不同，需要具体情况具体分析。

他觉得送礼物就是爱，你却需要一个拥抱；他十分渴求你的鼓励，你却没能在言语上肯定过他。

唯有越来越多地用心了解对方，对方更了解你，才能更诚实地表达且找到彼此感受爱的信息。

Chapter 25

贰拾伍

告知预期

婚姻长乐工具卡中，有张卡片叫作“告知预期”。在我的线下课程活动中，很多男士们抽到此卡片，都会长吁一口气：“谢天谢地！终于不用猜她的心思了。”

在爱情里，女孩子们很喜欢玩蒙住眼睛的游戏——你猜，此时此刻，我在想什么？

也正是因为女人们多年来一直热衷于这个游戏，所以才产生了网络新词汇——“求生欲”。我们希望一个眼神，对方就能领会我们的用意；我们希望伴侣善解人意、细致入微，稍微耸耸双肩，他就知道我们冷，乖乖送上毛毯；指尖擦擦脑门，对方就递过来纸巾为我们擦汗。我们固执地认为，既然是自己的另一半，就应该对自己的一切行为了如指掌。

我还听过不少女性分享说：“我才不会告诉他我到底怎么想呢！如果他爱我，自然会与我心心相印，明白我的意思！”她甚至有意保持原地不动，以此检验男人是否真的爱她。

这是我们的思维逻辑与原则。

在这兜兜转转的猜测游戏中，多少男人感觉疲惫不堪，又有多少女人感觉撮火、闷气连连？在有的婚姻中，丈夫对妻子的关爱显得无动于衷，丝毫没有回应，这让妻子满腹委屈，她不能理解为什么男人不能理解她的苦心。与此同时，丈夫察觉不到妻子的不满，也意识不到妻子一直在等待他的回馈。有不少男人投诉道，他们是十分爱妻子的，也在积极付出，却永远无法满足伴侣的需求——他们给的永远都不是她们想要的。

要知道，给予不是以数量为王，而是以质量为先。同样地，给予爱的行为本身不是重点，重点是这个行为带给对方的感受如何。从对方的角度出发，供其所需，关系能渐入佳境，白头偕老。

在婚姻的矛盾中，妻子们表达沮丧、受挫和失望情绪时，丈夫们有时本能地会找理由解释，认为这样能消除女人的消极情绪。然而，这无疑成了两人争吵的导火线。

有这样一对夫妻，他们在结婚后的3年婚姻生活里，每周日的下午，太太都会去看先生打篮球。可是突然有那么一天，太太像机关枪一样愤愤不平地对先生发火："为什么所有周日下午的时间都是你的，你**永远**都那么自私！你**就知道**打篮球，我们**从来**没有做过我想要的事情！"丈夫对我说，那一刻他特别吃惊，整个人都愣住了，他一直以为妻子陪伴他、去看他打球是一件妻子很乐意去做的事情。因为每当他提出去打球的时候，妻子从来没有过任何异议，在观看过程中，妻子也未曾表示出烦躁不安，他以为，她是享受在其中的。

接着，妻子开始诉苦，很多时候，她暗示他更改计划，去看看新上映的电影，或者想去闺密家小聚。甚至有一次他们周六开车经过闹市区，她还对丈夫说："其实周末过来逛下街、喝个下午茶也不错啊。"但从未得到丈夫的及时回应。到了周日上午，丈夫又会重复同样的对话："走啊，老婆，去看我打球啊！"妻子每次都是点头答应。

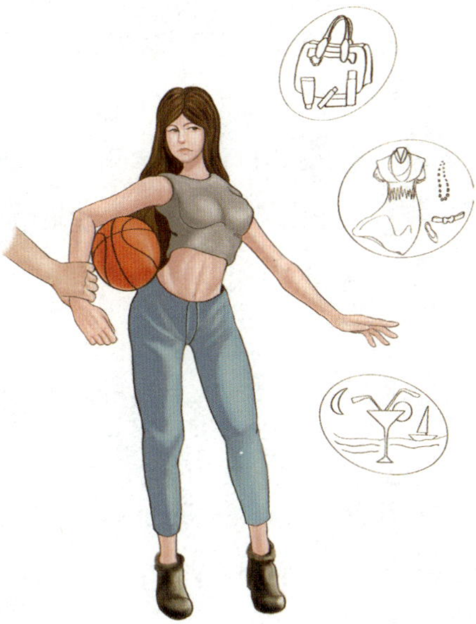

于是，丈夫就接收到一个错误的信息：妻子是非常乐意陪伴他去打球，且喜欢看他打球的。而事实上，妻子想要一些自己的空间，或

者替换一下做些别的事情，但她都仅仅是暗示提醒。问题就出在，每次丈夫提议的时候，她仍然回答："好呀好呀！"所以丈夫丝毫感觉不到她勉为其难的心情。

在这个例子里我们看到，这位妻子同意陪伴丈夫做他想做的事情，但并不意味着那就是她想做的。而她想做的，又没有直接说出来，只使用了"暗示"。

在婚姻中，很多妻子不会直截了当地向男人倾吐自己的需求，或表达失望的心情。我们有时候拐弯抹角，使用各种隐晦的话语旁敲侧击。我们甚至还喜欢用反问句来表示不悦，无意识地流露出质疑和责备。丈夫又总是摸不清门路，他以为这种提高了声调的反问是在抨击自己，所以出于本能，他会竭力自我防卫和抗拒。同时，我们也很难意识到，猜测式问题、反问句、疑问句在有效沟通中会带来多少弯路和多少伤害。

在婚姻长乐课堂中，一个同学分享过她和先生的故事。

每年生日，先生都会送她一套漂亮的内衣，款式她大多不喜欢，她认为先生的用意还是为了让自己变得讨喜，她甚至拉着先生回到商场，把礼物退掉。

有一年，先生突然360度大转弯，送了她一支TF的唇膏。TF

对理工男来说，绝对是个冷门的新鲜事物，巧了，又是新款的色号，正是她一直想要的。她才突然顿悟，其实她并没有直接告诉过先生，她喜欢什么，不喜欢什么。所以对方也是为了让她开心，一直在猜测和摸索中。于是她收到礼物后，明确地告诉先生："我很喜欢你今年送的礼物，希望明年也是唇膏！"

这位同学分享完故事，边说边笑道："大家都说人心隔肚皮。可不是吗，这隔着两层肚皮，让人怎么去猜？坦率直接地告诉对方自己的需求，两人其实轻松快乐许多。"

神奇的是，当丈夫感受到你提出正常的请求时，他反而会感受到你的爱。大多数男人都表示，当有方向有目标时，他们反而更乐意改变自己，提高自己给予、付出和支持的能力。

有关生活中的小帮助也是一样，不要坐等丈夫来帮忙，要把自己的需要告知对方；也不要强迫自己无休止地付出，有时候也要让男人承担一些责任，给他一展身手的机会。

对于提要求，有人曾提出异议：不需要主动向伴侣请求支持。作为女人，她能用直觉感知别人的需要，并且立刻不遗余力地伸出援手。因此，推己及人，她认为男人也会这样做。

自己的感受就是自己的感受，套在别人头上没有意义，也无法让它成为别人的感受。

切记，千万不要带着怨气丛生的口气去命令，而是要诚恳地请求。有时候，女人命令式的表达和絮叨，会极大挫伤男人的积极性，导致他反应消极。同时，当丈夫感觉到你并不会把他的支持当作是想当然，而是感激他、欣赏他，他就会全力以赴地响应你的请求。

婚姻里，千万不要吝惜赞美和感激。

再次强调的是，要**避免将自己的感受隐晦地归咎于他人的行为**。例如："我今天很不开心，因为你忘记了我们的结婚纪念日，我本以为你会安排烛光晚餐，并送给我一个特别的礼物。"这不是告知，这是归咎型的责备与要求。

当然，把握时机也至关重要。有时候，伴侣正忙于其他事情，专心致志，你可以考虑换个时间提出请求，多此一举反而适得其反。比如，他已经答应了收拾厨房，现在想休息片刻看一会儿电视。你就没有必要强加一句："你就不能收拾一下厨房吗？！"这样，男人很可能会产生很强的逆反心理，觉得你在指挥他。

除此之外，我们除了需要学会请求支持，也要学会坦然面对拒绝。主动提出的要求，在有些时候会被对方拒绝，在他拒绝时礼貌接受，表现出完全不介意的样子，也是一种能力。你只需要站在原地不说话，适当地保持沉默，接受他拒绝你的事实，同时等待他下一次的接受。如同女人倾吐感受时，在乎是否被倾听、被理解一样，男人也非常在乎女人能否接受真实的他。

也许他会喋喋不休地抱怨你的需求，这并不是坏事，至少说明他正在你的请求和自己的衡量之间苦苦挣扎。他的心情非常矛盾，因为他需要“改弦更张”，从当前自己舒适的状态转移到你的请求上来。

给他必要的时间，让他自行消化和抗争。

如果男人不爱你，他才懒得去理会你有什么要求，也不会委屈自己满足你的需要与愿望。如果他遵照你的请求，做出回应，那么，多半因为他自己本身想要这样做。

别操之过急地认为他不爱你。

Chapter 26

贰拾陆

挤时间去相爱

请你拿出一张纸，在纸上画一个圆圈。

这个圆圈内，代表着你日常生活所花费的时间。那么现在来分配一下，你婚后的大部分时间都花在了哪里（时间组成举例：爱人、朋友、父母、运动、孩子、工作、旅游、特殊二人时光等，此活动来自婚姻鼓励咨询课程）？

画完以后我们来看一看，在婚姻生活中，你在伴侣身上花费的时间是多少？留给自己的私人空间又是多少？是不是好多时间被孩子占据，又有好多时间给了工作？

在一次练习中，我有个朋友在填写完时间分配饼图后说："老公和孩子的时间是重叠的呀，家庭时间老公也在里面，所以虽然没有什么单独的相处时光，这些时间是在一起的。"我执意强调："不行，孩子是孩子，家庭时间是家庭时间，和老公的相处就是属于老公的时间。"她恍然大悟道："原来我一直没有什么单独的时间给他，除了工作就是孩子和父母，却总觉得我们时时刻刻都在一起，自己已经付出了很多时间。"

我们现在再来回忆一下，当我们抱怨对方“你根本没有时间陪我”“你一点都不在乎我”“我感受不到你的爱”的同时，我们又付出了多少时间呢？

任何一段关系都是双向的。二人关系只有在平行和同频道互动中，才能长远并进，而这需要时间去呵护。植物也是吸取了太阳、空气和水，才能快快成长，才能绽放。

除了时间分配，对方和自己的需求，也是至关重要的。我曾遇到过这样一对夫妻，他们因为工作原因每年有半年的时间需要两地分居，在一起相处的时候又貌似不是很了解对方。妻子的过敏史，丈夫的兴趣爱好，两人被问及的时候都表示很茫然。现代社会的飞速发展，让我们享受到了高科技带来的便捷，但与此同时，也增加了沟通的难度。许多已婚夫妇都患上了“我不知道啊”的通病——不了解对方的乐趣、喜恶、恐惧和压力，生活习惯也就是知道个大概。

深层次地了解你的伴侣，其实是给你们的婚姻创造大量的认知空间。比如和朋友一起聚餐时，妻子知道为丈夫准备不含有海鲜的沙拉，因为他不喜欢海鲜；妻子错过了喜欢的电视节目，丈夫帮她找到回放的链接……知道彼此的生活目标、烦恼和希望，不仅让爱情提升温度，更能在冲突发生时有更多的方法去解决。

我们先来做一个十分简单的测试：

- 知道伴侣的出生地。
- 知道伴侣喜欢的三款菜肴。
- 能说出伴侣的人生梦想。
- 知道伴侣在用餐时的一些忌讳。
- 能列出你们在没有结婚时，伴侣去过的几个地方。
- 知道伴侣最亲密的朋友的名字。
- 了解伴侣当下面临的生活压力是什么。
- 会定期询问伴侣周围发生的事情。
- 能说出伴侣小时候发生的三件事。
- 知道伴侣喜欢什么颜色。
- 知道伴侣喜欢什么样的天气。
- 了解伴侣的人生理念。
- 认为伴侣了解你。
- 认为伴侣了解你对他 / 她的期待。
- 知道你在伴侣心目中的样子。
- 知道伴侣在什么时候状态不佳。
- 了解伴侣在心情不好时会做的事情。
- 了解伴侣的童年
- 伴侣知道你喜欢被亲吻的方式。
- 伴侣会主动问候你的心情。

了解一个人需要花时间和精力，了解一个人同时需要 100% 地用心。越多地了解对方，就能越熟练地掌握适合他 / 她的沟通方式。

除了个人情况，我们还需要知道，自己和伴侣的情感需求，到底有哪些？很多人虽然早早步入婚姻，却并不晓得婚姻是一个比任何恋爱关系都更需要情感需求的关系。

现在来看看我征集到的妻子们的情感需求：

- 她需要爱人真正关心和在意她。
- 她需要丈夫顾及她的想法和感受。
- 她需要丈夫懂得她的喜好。
- 当她考虑不周时，丈夫给她尊重且实用的帮忙，不是建议或指责。
- 她渴望丈夫猜想她的所需、所愿、所想，无须她主动开口索取。
- 她需要有人关注她、爱慕她、崇拜她。
- 她需要爱人想念她、渴望她。
- 她需要有人在意她的身体情况，关心她的健康。
- 她需要有个倾吐的对象，可以袒露心扉、倾诉苦恼，可以绝对地信赖，并且对方不会冷嘲热讽地打击她。
- 她需要被呵护，有人疼爱，把她当成手心里的宝。
- 生活中她需要有人帮助，不用事事独当一面。
- 她需要感受浪漫的特殊时光、激情和亲密的性生活。
- 她需要安全感和可以被信赖的情感保障。

- 她需要爱人支持她的梦想。

我们再来看看男士们的情感共鸣：

- 他需要有人注意到他的付出，并对他表示感谢（不一定要言语，拥抱也可以）。
- 他需要成功时有人可以一同分享。
- 他需要女人给他时间，让他满足她的需要。
- 他需要爱人接受他原本的样子。
- 他需要有人鼓励和推动他去展示最好的自己。
- 他需要被信任、被依靠。
- 他需要被疼爱。
- 他需要对方积极地回应。
- 他需要爱人接受他的安排和尊重他的建议。
- 他需要被崇拜、被欣赏。
- 他需要被原谅、被接纳。
- 他需要有人欣赏和认可他的优秀品质。

男女的需求虽然大相径庭，但在这两列清单上我们看到了，大家都需要被看见、被尊重和被关爱。

记忆，是通过触觉、听觉、嗅觉、视觉和味觉等五大感官而形成的。最清晰的记忆，往往是同时拥有这 5 种感觉的时候。

设计一个具有画面感的时刻：你们可以彼此看到对方，在一个特定的空间里，周遭有悦耳的音乐，你们可以同时抚摸到彼此。吃些你们都喜欢的佳肴，记住他／她身上的味道。这样的特殊时光，会让你记忆犹新很久。

Chapter 27

贰拾柒

失望从何而来?

在两次婚姻课堂中，都有这样的一组体验活动。大家分为几个小组，分别画出 / 写下：理想的丈夫、理想的妻子、现实中的丈夫、现实中的妻子的模样。

之后张贴出来大家共同分享。

不难预料，理想的丈夫简直比电影里的王子还夸张：帅气多金、身材魁梧、有知识有文化、热爱音乐、能歌善舞、拳打脚踢能带娃、充满浪漫的情怀、诗情画意、对妻子百依百顺。而男人眼中的理想太太，也当然是身材窈窕、貌美温柔、知书达理、懂得琴棋书画、知性学历高、平易近人、对家人呵护备至、对丈夫唯命是从且百般疼爱。

惨不忍睹的是现实中的妻子：满腹牢骚、满面生斑、戴着眼镜、样貌中充满泪水与艰辛、长期失眠焦虑、没有自己的生活、身材走样、含辛茹苦却不被认可。

现实中的先生也是好不到哪里去，他们早年谢顶、穿着邋遢、有着啤酒肚、脾气大、对家人无视、不管孩子、手机不离手、常年不着家、懒惰得不行、只顾打游戏、经济状况潦倒。

很有趣的一次，也许是摆错了位置，理想中的丈夫和现实中的妻子，两张图被摆到了一起。一位同学不禁感悟："如果现实中的自己是这般模样，又怎么有资格去要一个完美的对方呢？"

导师简·尼尔森不禁拍手叫好，说："摆错了位置，却看到一份真实。"

婚姻生活给我们提供了大量的学习机会和挑战，合理利用这些机会的人正是我们自己。

"为什么他和想象中一点都不同？"

实际上，我们所经历的生活并不是完全和自己预期的相悖。只是我们未能意识到，是自己的叠加和过度的期望，造成了现在的失望。她真的和你勾勒出的理想太太一点也不相似吗？他又真的完全没有做过好丈夫吗？你在生活中，展露更多的是不堪还是美好呢？

阿德勒曾说过："决定人生的不是经验，而是我们自身赋予经验的意义。"

我曾访问过一对离婚不到半年又复婚的夫妻。妻子说，她从初中时候追星开始，就勾勒出自己未来另一半的模样，他应该是高大威猛的，有胡须，是体育全能，要孝顺父母……这些自己勾勒出的条条框框，在婚姻初始的几年并没有起到太好的作用。每每矛盾发生时，她就会产生这样的想法，“你根本不是我要的那个人”“你不是我想象的样子”。磨合期还没过，两人因为总是争吵就草草地结束了为期 4 年的婚姻。

在离婚后的 3 个月里，这位妻子说，她突然发现生活变得空洞了，“原来长得帅，像樱木花道一样打一手好篮球，不是真正的生活”。真正的生活就是先生对她那种没有底线的宽容，无时无刻的守候和离婚抉择时的放手。

当她终于鼓起勇气找回先生，却发现先生也在等她回头。

很多婚姻都是如此，大家在签字离婚、分好财产之后才意识到，他们放弃彼此，是一件多么可怕的事情。

在女儿学校的分享会上我学到了这句话：保持弹性。保持弹性是很重要的，它让我们在跌倒无数次的生活中，爬起来，在失望中重拾希望，继续前行。

“我们没有意识到，只是我们本来的样子，我们就真的足够好了。我们不知道，我们不需要为了得到爱，而做任何特别的事情。”

——琳·洛特

Chapter 28

贰拾捌

谁说很简单？

想想当年的你们，从民政局或教堂走出来官宣的时候，是不是从来没有预料到婚姻里出现的这些不堪与挣扎？婚姻就像一座花园，花园内的事物繁忙冗杂，想让花园里枝叶繁茂、花团锦簇，你就得每日辛勤施肥灌溉，精心培育照料，适时播种，及时除草。同时，你还得特别关注季节变化和难以预料的突发情况，做到未雨绸缪。

打理好的花园，生机勃勃；不曾用心打理的花园，死气沉沉、杂草丛生。

你的婚姻，也是如此。

不单单是看起来的那般模样，我们还总是听到，婚姻中，夫妻越来越少地将另一方视为同伴，他们不仅疏离，甚至互相猜忌，彼此防范，犹如对手。许多夫妻一起生活很多年却彼此不了解，还有些对彼此了如指掌，却学不会和谐相处，又不能承受失去彼此的代价。

婚姻生活里有太多的琐事：装修新居、参加儿女学校的活动、亲人的生日宴会、彼此朋友的婚礼、举家外出度假、驾车旅行、孩子的假期、两边父母的联谊、庆祝春节或者其他传统节日、更换居所、事业大起大落、需要做出重大决定时……数不过来的特殊日子，无尽的琐事都有可能成为夫妻双方矛盾或争吵的引爆点。

很多未婚人士觉得婚姻内的沟通易如反掌，且可以随心所欲，这是十分不切实际的。更多的时候，人们反而更不容易和亲近的人沟通。我们过于强调自己单方面的需求和感受，而忽略了对方的。我们同样也难免在无法达成共识时，产生消极的情绪，说出并不中听的话语，给听者带来不少伤害。

再如胶似漆、再恩爱的夫妻，在情绪消极的时候交流，也不免产生摩擦与矛盾，引发争吵。平心而论，真正从对方的角度出发，理解对方的感受，并不是一件容易的事情。尤其当你并不爱听他/她说的话，感觉非常刺耳，就会不自觉地对沟通充满抵触情绪。再者，当我们感到自己受到威胁和指责时，也很难强迫自己去尊重对方。

有不少夫妻在分享中指出，沟通不畅的原因应归咎为彼此爱得不够深。他们宁愿相信，是感情的质量先出了问题，沟通才会停滞不前。不可否认，感情基础当然是根本，但在这水平的关系里，沟通技巧更是搭建感情的最基础桥梁。

在《非暴力沟通》一书中，马歇尔·卢森堡（Marshall B. Rosenberg）博士指出，在人们听到不中听的话语时，通常有 4 种反应：

第一种，认为自己犯了错。例如，当妻子气愤地说："你竟然连结婚纪念日都忘记了！"这时，先生可能会觉得十分自责："我怎么这么大意，真的是过分了！"这导致我们内疚、惭愧，甚至厌恶自己。

第二种，指责对方。比如二人发生了争执，开始驳斥："你没有资格这么说我！难道我就没有付出吗？！你的贡献又是什么？！"在争吵时，我们往往会感到愤怒，失去理智。

第三种，了解我们的感受和需要。这时，我们可能会意识到自己的感受，伤心、难过、沮丧，因为我们看重彼此。

第四种，用心体会他人的感受和需要。比如，我们会站在对方的角度考虑问题："他发了这么大的脾气，可能是工作压力大，需要支持和鼓励。""她最近状态一直都不佳，需要先休息好，再和她沟通。"

一目了然，在很多争执的情况下，我们很容易陷入第一种和第二种状态，问题不能解决的同时，还加深了矛盾。第三种和第四种是我们努力和向往的目标，如能靠近或达成，沟通效果会进阶很多。

生活中琐事的"引爆点"会成为更深层次的问题，还是可解决的问题，要看夫妻二人如何处理。

特别需留意的是两方都是独生子女的夫妻们。在很多个案中，小时候在家中被娇生惯养的孩子，常常会在婚姻中倍感被忽视。或者，同样为独生子女的伴侣可能会成为带有控制欲、“霸权强势”的一方，为所欲为；而另外一方则认为自己成为牺牲品，如青春期的孩子一般叛逆反抗。当两个被宠坏的孩子结合在一起时，双方都迫切地期待自己成为对方兴趣和关注的中心，可往往事与愿违，谁都不能如愿。

之后他们有可能会想办法脱身，有的甚至开始有外遇，寻求更多的关注和补偿。

婚姻，绝非一件简单的小事，我们也不是随随便便就可以和平共处到白头。婚姻需要经营，需要维护，更需要动脑筋。

没有任何婚姻是不会经历起落的，要求妻子永远完美可人，丈夫永远有担当体贴入微，就如同要求太阳永远高挂一般不现实。我们唯有在这段关系中及时调整自己，改变状态，即便不能做到时时刻刻带着关爱和理解，至少可以最大限度地去尝试。

哪些是我们可以做的呢？

- 允许有暂停的可能

首先，每个人都要意识到无论是自己还是对方，都有情绪化和低落的权利。有些人可能会选择逃避，有些人可能希望立马解决。每个人都有选择让自己觉得舒适的方法做暂停处理。在这个暂停阶段，也可以停止付出和回应。无论婚姻里的他 / 她看起来有多么完美，在情绪无法稳定或者两人都无法坐下来的时候，没有人是愿意聆听的。实在无能为力就先处理好自己。

- 理解对方的处境

你需要意识到，对方需要你的关爱与理解程度，比你能提供的要多得多。他 / 她也许十分痛苦，他 / 她也许非常脆弱，他 / 她像个孩子一样渴求你去爱，也非常容易觉得被你遗弃。不要急着向他 / 她去解释你做了多少，或者去评判他 / 她不应该有如此的感受。你所需要的，仅仅是表达你的感同身受，他 / 她的不悦你感受到了。

- 对自己的情绪和行为负责

不管遇到什么事，你都有责任控制好自己的情绪和行为。你的情绪不是别人造成的，没人让你难过，没人强迫你心有余悸，没人让你抑郁，也没人让你对自己的孩子大吼大叫、拳脚相加……选择来自自己，你在大多数事情上都不是别无选择、走投无路的，如果你真的成了“受害者”，也是自己的选择。

- 避免过激的争吵

调查数据显示，人们在过度激烈的争吵中，真正有效或能表达自己意愿的词汇几乎不到整个对话的 5%。更多的情况是，我们是在“大脑盖子打开”的不理智情况下，刻意或者无意地挤出伤害对方、让对方难过的话语从而激化了矛盾。

婚姻的花园难免迎来突如其来的暴风雨，干旱难耐的时刻，用心去灌溉和修理，总会迎来彩虹挂空的怡然风景。

Chapter 29
贰拾玖

从点滴开始，并快乐着

很多时候，我们卡壳在焦虑、抱怨、唾弃的循环里，而能否真正着眼于解决问题的关键，和每个人的自我认知、是否愿意对现状做出改变有关。与其期待改变伴侣，或是追溯矛盾发生的原因，讨论伴侣到底适不适合自己，不如从此刻开始审视自己。

在罗莉·昂德维泽（Lori Onderwyzer）老师的青春期孩子养育课堂上，她曾带领我们做过这样一个体验活动：

老师让穿高跟鞋的女孩子们把鞋子脱掉，试着以后跃式跳到椅子上。大家听得目瞪口呆，整个班的学员都带着怀疑、恐惧和抗拒的眼神，听到指令后没有一个人动身。

之后她换了另外一种方式："那么我们从侧面开始，先把手放在椅背上，然后另外一只手、然后左腿、然后右腿、最后试试能否站起来。"给指令的同时，她和大家一起，先左后右地把手放在椅背上，再先左腿后右腿，直到站在椅子上。

每个人在她示范的同时，也一并做了起来，大家的感受是安全的、快乐的。

这就犹如我们的情感生活。没有任何一个人，在积攒了一箩筐问题的时候，有能力一下子倾倒出来，全盘解决。他/她总需要从根基做起，一步一步来，一点一滴做，先着手于自己的改变，随之逐渐看到局面的改善。

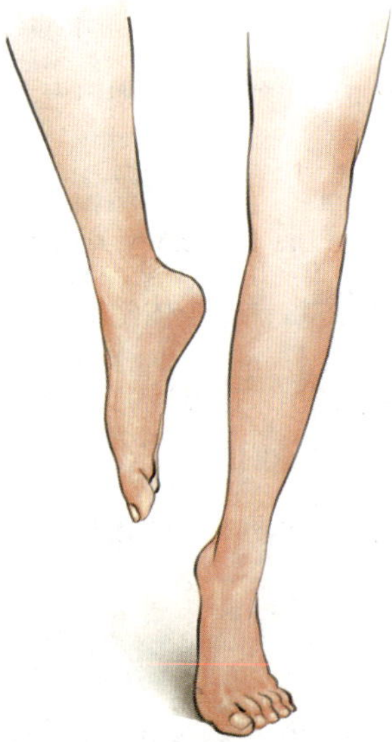

也不用一味地否定自己，觉得自己什么都做不好。决定去改变自己的同时，更要看到自己在婚姻内的价值——你绝不是什么都没有做。即便是一件点滴小事，你也是同时在付出的一方。

从生活中的小事做起，哪怕是一个进门的拥抱，给对方挤牙膏，嘘寒问暖的关怀，轻抚式的睡前按摩，认真地给对方一些陪伴，主动放下手机，找一个独处的时间的提议，一句很暖心的鼓励……每周给自己一个承诺与可执行的计划，和你的另一半重塑关系。如同盖房子般增砖添瓦，每天一小步地实现。

如果你对另一半能逐渐产生发自内心的同情与理解，就可以慢慢回应给他/她曾经你认为的对方“过度诉求”的请求，让彼此都产生满足感。而你的改变，同时能够在他/她的价值观中带来对你的新认知，增强对婚姻关系的自信，建立你们婚姻关系的新里程碑。

前面很多章节提到过，在生活中，我们时常因为傲慢或太过关注自己的情绪，而放弃了很多成功改善关系的机会。努力和付出需要随心出发，你要相信，这一点一滴的努力能够逐渐减少婚姻中的困扰与难题，并慢慢给彼此带来渐入佳境的快乐。

约翰·戈特曼曾给夫妻们设计过一个为期7周的“喜爱与赞美”课程，目的就是让夫妻们“从积极的角度”去看待配偶，并成为一种习惯。

每一周的每一天，都给自己列出一个任务和想法，比如：

想法：轻松地说出婚姻内美好的时光。

任务：选取一段美好时光并回忆。

很多夫妻在亲身体验后都表示，即便从很小的细节开始改变，7周之后，他们对待婚姻的态度也发生了变化。

这本书的开篇，琳·洛特在采访中提到过，很多时候人们觉得改变是巨大的，今天是这个状态，明天就需要到达另一个彼岸。真正的改变就是一点一点，十分细小，却从未停歇。

当你充满勇气，希望、正能量、清晰的目标感和方向感都会随之而来。你越是坚定地选择改变，就越能感受到内心被启发的鼓舞和关系改善的喜悦。加油！

Chapter 30

叁拾

营造积极正向的感觉

请花时间写下你和伴侣的婚姻中，10 个美好瞬间或 10 件事情：

1.

2.

3.

4.

5.

6.

7.

8.

9.

10.

慢慢来，可以小到一个暖心的鼓励，大到纪念日的一个惊喜。普通到只是临睡前放在床头的一杯温水，惊心动魄到你在对方怀里哇哇大哭。一件一件写下来，你会十分惊讶于那些美好的时刻曾带给你的力量与在记忆中占据的位置。

在婚姻长乐课程中，导师张宏武曾分享过一个她个人的故事：

很长一段时间，她也曾经历婚姻的低谷，自己的事业稳步上升，却觉得爱人不够努力。她心里感到不满的同时，觉得未来的日子无望，婚姻遇到了瓶颈。在回美国的飞机上，张宏武老师给自己留了功课，开始尝试着写下爱人的优点，比如，“对孩子很好”“很体贴”……谁知写着写着，竟然奋笔疾书，完全停不下笔来，在整个飞行航程中，她洋洋洒洒地写了满篇。也是在那个时候，她突然顿悟：“其实对方并没有改变啊，他还是那个体贴温柔，疼爱自己的他！”张宏武老师不禁泪流满面，坐立不安，恨不得立即掉头回家。飞机降落之后，她第一时间就给先生打了电话，说：“我找到你了！”爱人也开心地回答：“是啊，我一直都在呢。”

我想到蔡康永说：“我们往往是透过爱我们的人，才发现自己有多么好。”

任何一件事情都会有两面性。当我们只关注事情的消极面，事情就会看起来越来越不顺眼，充满了不堪，无法应对；而当我们尝试着从积极的一面去分析、感受，就会发现任何事情都有美好正向的一面。

大部分夫妻都是带着强烈的期待步入婚姻殿堂的，在“热度尚存”的时候，他们会很深情地留意生活中的每一次感动和每一个精彩部分。一些在结婚多年之后关系仍十分融洽的夫妻表示，他们会记得婚姻早期的彼此，是多么自信、见面时多么渴望对方，所以在艰难时刻来临的时候，他们同样会找回这些记忆和感觉，在苦难的日子里汲取力量，鼓励彼此。

除了多角度看事情，同时，我们还需要做出积极的回应。

因为在婚姻生活里，我们常常因为习惯了，而“忘记”做出回应。

- 当对方没有满足你的要求时
- 当他仅仅做了你认为无关紧要的一次努力时
- 当他没有及时回复你的信息或电话时
- 当他赞美你时
- 当他带你出去用餐，食物和环境未必是你心仪的时

请做出积极的回应，因为这很重要。直抵男人内心最直接的通道，是对他的赞美、肯定和感激他的作为。丈夫得到积极的回应就会越发产生强烈的内驱力。有趣的是，很多男士都表示，最能让自己日趋积极的方式，就是让他觉得自己有能力带给伴侣幸福。

积极的回应，不一定是大张旗鼓地赞美——“你太浪漫了！”“你真的好会安排！”有时候哪怕是无声的眼神传递：对方在和你说事情的时候，你放下手中正在进行的事情，全神贯注地望着他/她；或者是身体语言，抚摸一下伴侣的后背，都是积极的。很多人都认为，必

须要做出带有仪式感的安排，诸如烛光晚餐、海边度假，才能够达到给爱情添加温度的目的。真正的秘诀在于每天用心安排日常琐事，且持久。

现在让我们回到个体心理学常提及的价值感。当一个人被认可、被尊重、被看到，感受到在关系中自己的价值所在，就会产生更大更多的意愿在这层关系中存在与付出。

同样地，当妻子感觉不到丈夫的关爱，或者感觉自己被忽略冷落，她也很难主动表达出对丈夫的感激与欣赏。如果我们只看到对方的不足，一味沉浸在怨恨和不满中，那就越来越难看到对方的付出。当伴侣回家时，你如果总是冷若冰霜，一副无关紧要的模样，又或者每一句言辞都含着谴责，又将如何找到婚姻中的幸福感和快乐呢？

千万别过于着急地否定伴侣的付出，即便你真的认为他什么都没有做，一无是处，也要花时间看看上面你写下的属于你们的幸福时刻和瞬间，回顾一下你们的婚姻中，曾经给彼此带来的温暖和爱的感觉。

有时，当婚姻进展不顺利时，我们往往会只记得事情消极的部分，这消极的情绪会“改写”记忆。比如，在孩子降临的那天，丈夫奔走几条街去买妻子想喝的果汁，妻子却只记得他没有出现在孩子降临的第一时刻，这成为婚内争吵时总被提及的事件。

被“篡改”的记忆，同样也正是因为婚姻内矛盾逐渐增多，夫妻之间的消极情绪越发强烈，变成记忆的本身，夫妻双方都从负面角度对伴侣所做的每一件事情或者曾经的过往进行改写。

即便是在伴侣表现得不尽如人意，缺乏责任感或者懒散消极时，我们如能满怀爱意，继续给予鼓励，依旧能找到自己当年爱上对方的原因并重塑温情。在人与人之间的沟通交流中，鼓励能够帮助我们横跨交流的沟壑，同时不断激发对方表现出性格中非常闪光美好的一面。

在神经语言程序学课程中，有一个十分有帮助的小程序：“我们要相信，每个行为背后都有它的正向意图”——一切事情都是有两面性的，当你诠释它为负面的同时，它的另外一面依旧带着正向的目的。

比如：

“你怎么就不能早点回来？”也许她是因为担心你的安全，或者惦念你。

“不怕冻死啊，穿那么少给谁看？”他或许是担心你会感冒，又或许是因为爱你而产生的醋意。

“又喝酒，除了喝酒，你还会别的吗？！”她可能是在忧心忡忡你的生活模式和身体健康，又找不到合适的表达方式。

“你除了玩游戏，一无是处。”她也是想拥有一些你们可以共处的特殊时光，担心你游戏成瘾。

越多地曲解对方行为的用意，就越深程度地创造一个负能量的婚姻场域。

换位思考去看事情的同时，我们需要着眼于自己的行为，尽量减少重复负面表达的词汇，比如：

“你不会生气吧？”

“你怎么又不高兴了？”

“如果有天我们离婚……”

“你是不是喜欢别人了？”

“你不可以这么做！”

负面词汇之影响，有时候比我们知道的要深远得多。特别是有些人，会在潜意识里对这些词汇极其敏感，也会无意识地对此做出十分吓人的回应。比如，对方此刻并未心生怒气，在你负面地“提醒”和“强调”下，很可能就来了情绪。又或者，不善表达的伴侣，明明怀着美好的愿景，你却总在心血来潮的情绪下，给了“会离婚、会分开、会失败”的假设前提。

还有那些“你不行”“不可以”“不应该”，都可以换成“我相信”“你可以”“或许”“没问题”。

在婚姻关系中还有哪些能使我们变得更加积极些呢？

我从神经语言程序学中有关领导力的学习中，可以获得很好的启发。

在团队领导中，我们需要让对方具备以下感觉：

- 归属感
- 真诚
- 价值感
- 兴奋

在婚姻中，也是一样：

- 让对方有强烈的归属感，婚姻是“我们”而不是“我”；以彼此为自豪，有“心安之处便是家”的笃定。
- 不刻意掩饰自己的缺点，坦诚相待：即便你有一些天马行空的想法或勉为其难的要求，面对这个和你一生相伴的人，不妨大胆直言。
- 互相鼓励及尊重，让对方被看到、被肯定，这点至关重要。在被鼓励的环境下，人们可以放下防备、卸下盔甲，不戴有色眼镜去批判，不心存芥蒂。同时给支持我们的伴侣一个积极的回应，让对方感到有十足的价值感。
- 勾勒婚姻中的美好愿景和蓝图——有什么是我们可以一起去创造的？现在我们站在时间的哪一个位置？一年以后会如何？三

年以后又会在哪里？无论是伴侣还是自己，知道彼此都在这条共同驶向未来的火车上，朝着一个方向前行。

在婚姻关系里，不单只有鲜花和微笑、柴米和油盐，同样有荆棘和忧愁、困惑与波折。共同分担痛苦与沮丧是婚姻的必经之路，相信有爱，相信会好。

Chapter 31

叁拾壹

创造双赢的婚姻

要谨记，我们最想达到的目的，是双赢的婚姻关系。不是任何一方凌驾于困难之上，指手画脚地去跨越和解决障碍；也不是另一方坐吃山空，原地不动，坐等另一半来甘愿付出。在婚姻中，“袖手旁观”的抽离方式，同样并不能从根本上解决问题。只有在夫妻双方都认为，二人的共同幸福高于单独一个人的个体幸福，并一起寻求共同意义感时，真正的合作才能产生。

只有当我们的认知有所改变，彼此都能意识到自己性格中的执念与过失，并且能以一种平等的态度处事，那么就能真正地着手解决恋爱和婚姻的问题。

婚姻不单单是两个家庭的联姻，繁衍下一代，分担日常事务和经济压力，解决生理需要，它更多的是在精神层面创造一种共同的内在生活，实现自己的归属感、价值感。能找到的共同意义感越多，夫妻关系就会越稳固，越能挖掘出自我价值。

在幸福的婚姻中，夫妻双方都不会执意于坚持自己的梦想，或者他们不会试图让对方放弃他 / 她的梦想，他们会像一个团队一样，平衡利弊，一起实现梦想，也会充分考虑对方的感受和期待。

即便有些梦想可能会对立，但为了双赢的共同目标，他们仍旧可以一起积极地寻找共同点，去发现以尊重为基准的方法。

夫妻不仅仅要学会如何共同尽家庭义务，还要学会如何一起享受生活。真诚地欣赏、彼此尊重、由衷地接纳对方，是共同合作的桥梁。

大多数婚姻的出发点都是爱，可为什么过程中总会出现那么多起起伏伏，对方还会时常错误地解读信息？当沟通方式不够有效、表达方式产生歧义，这份原本想去传达的爱，就真的可能变成“所爱隔山海，山海不可平”。在生活中，我们被自己搭建起的屏障所牵绊住，如不切实地解决，只强调初心是没有用的。

如何在婚姻里创造平行、双赢的关系？

可采取有效的沟通方式：

- 我想要什么？
- 我愤怒、失望、焦虑的感受，背后的原因是什么？
- 伴侣此刻的感受是什么？
- 做什么能鼓励到自己？
- 做什么又可以鼓励到对方？

我想要什么？我是想要证明自己是正确的，还是希望自己和伴侣感到快乐？我要的是无穷无尽的冲突还是和谐的家庭关系？我要的是保护自己还是互相相信？我要孤立自己还是要亲密关系？我要妥协，还是一起去寻找完善的解决方法？

明白了自己的目的，再着手于方式方法。

我发现很多夫妻之所以尝试了很多方法依然不能有所改善的原因在于，他们把伴侣当作导致婚姻问题的唯一源泉。请记住，在婚姻里，任何一个人都是问题的贡献方之一。

每一个婚姻都有一个十分重要的目标，就是在和谐舒适的氛围里，彼此可以坦诚沟通，谈论自己的信念。而怎么才能使这个沟通进展得更加顺利呢？

鼓励咨询课堂中介绍过的 3 种鼓励方法，可以更好地运用到婚姻中。

- **描述性鼓励**

通常以“我注意到”“我发现”“我看到”开始，不一定是要肯定的，比如，“我注意到你今天心情不太好哦”，“我发现你今天剪了头发”。

描述性的鼓励，能够让对方感受到“被关注”和“被关心”，如果你的描述是他/她在生活中的付出和努力，他/她在感受到被看到的同时还会更增动力。

- 感激性鼓励

通常会以“我很欣赏”，或者“十分感谢”开始，比如，“我很感谢你的帮助”“很感谢你的付出”。

感谢性的鼓励，能让我们放下在婚姻内“高傲的自尊”“不懂得感激”的自己，让对方知道我们并没有把一切当成理所当然，建立心底更深层的联结。

- 授权性鼓励

通常会以“我相信”“我对……很有信心”开始。比如，“我相信你今天一定会记得交水费哦”。

最良性的二人关系就是平行共进，没有任何一人高高在上，也没有卑微的一方。你要相信伴侣可以做到，及时给予鼓励，并且是由衷地相信。并不是对她说“你放手去干吧”，却在背后叮咛个不停，根本不放手。

相信和赋权，能给婚姻十足的动力。

两个人结成的亲密单位，能做到亲密而双向地热爱和奉献，才不会让人倍感压抑。也只有双方都秉持着这样的观念，平等才会真正出现。双方都觉得婚姻是有安全感的、温暖的，自己是有价值的，自己会被需要。

因为我们选择了一起前行。

GRATITUDE 致谢

我的导师罗莉·昂德维泽说："最好的预测快乐的方式，就是感恩致谢。"我想到网络上曾经很流行一首诗，叫《但是你没有》：

记得那天我借了你的新车却弄坏了它
我想你会杀了我
但你没有
还记得那次我拉你去海滩　你说会下雨　真的下了
我想你会说"我告诉过你"
但你没有
你还记得那次我同那么多家伙调情让你吃醋　而你确实这样了
我想你会离开
但你没有
你还记得那次我把草莓派吐得满车毯都是

我想你一定会揍我

但你没有

还记得那次我忘了告诉你那舞会是正式的　你穿着牛仔裤出席

我想你会放弃我

但是你没有

……

感谢你在生命中的出现，重要的人。

感谢你付出的一点一滴，我的爱。

感谢你接纳原本样子的我，

感谢你在我低谷的时候给我鼓励，

感谢你在我情绪高昂的时候与我一同欣喜。

感谢你的不离不弃。

谢谢你！

AFTERWORD 后记

从有想法到动笔，到没有思路搁置了一段时间，再到竭尽全力用一切碎片时间又执笔，前后历时整整 10 个月。一开始的想法很幼稚，不过是分享课堂感悟、读书心得、个人故事、个人观点，到整理了一个完整的体系，又推翻自己的体系，又重塑。

也如相爱相恋，到组织家庭，再到进入婚姻。任何一条路，都不是坦荡的。但这近一年，我唯一的信念就是，要完成这本书，要写好。

这不单单是呕心沥血之作，更多的，是希望能帮到有需要的人们。在思维逻辑里开个口，在固定模式里架一座桥。换个方式思考，换个方式沟通，甚至换个方式抚摸，结果也许是非常迥异的。

完稿的这一刻，我感受到的并不仅仅是如释重负，而是欣喜。

愿这份欣喜，像魔法棒一般，在你最需要的时候，帮到你，温暖你。

请和我们一起继续前行，相信婚姻相信爱，璀璨且热烈。

REFERENCE 参考文献

[1]鲁道夫·德雷克斯.2017.婚姻挑战.甄颖译.北京：生活·读书·新知三联书店生活书店出版有限公司.

[2]简·尼尔森.2009.正面管教.玉冰译.北京：京华出版社.

[3] James F. Masterson. 1990. Search for the Real Self: Unmasking the Personality Disorders of Our Age. New York: Simon & schuster.

[4]琳·洛特，芭芭拉·曼登霍尔.2015.做你自己的心理治疗师.花莹莹译.北京：北京联合出版公司.

[5]琳·洛特，玛丽琳·M.肯特，德鲁·韦斯特.2015.懂我就是爱我.张婷婷译.北京：北京联合出版公司.

[6]克里斯多福·孟.2015.亲密关系：通往灵魂的桥梁.张德芬，余蕙玲译.湖南：湖南文艺出版社.

[7]阿尔弗雷德·阿德勒.2018.个体心理学.张俊贤译.北京：

中国致公出版社 .

[8] 阿尔弗雷德 · 阿德勒 . 2017. 自卑与超越 . 杨蔚译 . 天津：天津人民出版社 .

[9] Lynn Lott, Dru West. 1990. Togther and Liking It-Improve Communication Resolve Conflicts and Become Closer. Carlsbad：Bibliohound.

[10] 马歇尔 · 卢森堡 . 2009. 非暴力沟通 . 阮胤华译 . 北京：华夏出版社 .

[11] 丹尼尔 · 西格尔，玛丽 · 哈策尔 . 2017. 由内而外的教养：做好父母，从接纳自己开始 . 李昂译 . 北京：北京联合出版社 .

[12] 约翰 · 戈特曼，娜恩 · 西尔弗 . 2014. 幸福的婚姻 . 刘小敏译 . 浙江：浙江人民出版社 .

图书在版编目(CIP)数据

婚姻的勇气 / 金小安著 . —北京：现代出版社，2020.6

ISBN 978-7-5143-8435-2

Ⅰ . ①婚…　Ⅱ . ①金…　Ⅲ . ①婚姻 - 通俗读物　Ⅳ . ① C913.13-49

中国版本图书馆 CIP 数据核字（2020）第 058420 号

婚姻的勇气

著　　者　金小安
绘　　图　谈　朔
责任编辑　赵海燕　王　羽
出版发行　现代出版社
通信地址　北京市安定门外安华里 504 号
邮政编码　100011
电　　话　010-64267325　64245264（传真）
网　　址　www.1980xd.com
电子邮箱　xiandai@vip.sina.com
印　　刷　北京瑞禾彩色印刷有限公司
开　　本　890mm × 1240mm　1/32
印　　张　10.25
字　　数　186 千字
版　　次　2020 年 6 月第 1 版　2020 年 6 月第 1 次印刷
书　　号　ISBN 978-7-5143-8435-2
定　　价　49.80 元

“没有什么是最差和最坏的，

只要我们觉察、接纳、勇于改变。”

婚姻的勇气

金小安｜著　　谈朔｜图